나는 곰처럼 살기로 했다

나는 곰처럼
살기로 했다

짧은 인생의 행복을 결정하는 시간 관리 기술

로타르 J. 자이베르트 지음 | 배정희 옮김

아숲

목차

나는 왜 곰을 좋아하는가

나는 거대한 곰을 직접 본 적은 없지만, 곰은 내게 어떤 인간보다도 가까운 곳에 있습니다. 실제로 곰은 내 삶의 일부가 되었죠. 이 이야기를 쓰기 전에도 곰은 이미 집과 사무실과 정원 한구석을 늘 차지하고 있었습니다. 내 주변에는 보기만 해도 기분이 좋아지는 곰 인형이 여기저기 서 있고, 누워 있고, 앉아 있습니다. 큰 곰, 작은 곰, 뚱뚱한 곰, 마른 곰, 기쁜 곰, 슬픈 곰, 말하는 곰, 말없는 곰, 웃는 곰, 우는 곰, 거실용 곰, 침실용 곰, 심지어 응접실용 곰도 있습니다. 그리고 우리 집 정원을 지키는 인형도 난쟁이 인형이 아니라 곰 인형입니다. 우리 사무실에서 일하는 여직원들도 모두 곰 인형을 하나씩 가지고 있고, 심지어 내 자동차 안에서도 곰 인형은 내가 운전하는 모습을 지켜보고 있습니다.

곰은 내 친구입니다. 하지만 내가 이런 말을 하는 것은 단지 이 영리하고 뛰어난 동물이 멸종 위기에 있기 때문이 아니라 우리 가운데 많은 이가 잃어버린 어떤 가치를 상징하기 때문입니다. 우리가 이 정신없이 바쁜 세상에서 살아남고, 이만하면 행복하다고 스스로 말할 수 있는 삶을 살고 싶다면, 서둘러 되찾아야 할 어떤 가치를 상징한다는 것이죠. 여유가 있으면서도 의식이 깨어 있는 상태로 살아가는 사람만이 이 순간의 진정한 깊이를 느낄 수 있고, 자기 삶에 의미를 부여할 수 있습니다. 곰은 바로 이런 비밀을 알고 있습니다.

곰은 겉보기에 굼뜬 것 같지만, 결정적인 순간에는 대단히 민첩한 동물입니다. 곰은 공격당하면 몸을 곧추세워 일어섭니다. 실제로 곰은 자기가 원하면 인간처럼 두 발로 걸을 수도 있지만, 네 발로 기거나 바닥에 눕기를 더 좋아하죠. 겨울에는 겨울잠을 자러 굴속으로 들어가는데, 비록 곰과 대적할 만한 동물이 많지 않아도 굴속에 있으면 안전하기 때문입니다. 이처럼 곰은 주변 상황에 억압받기보다는 자기한테 편하고 유리한 대로 행동합니다. 결론을 말하자면, 곰은 가죽이 두꺼워서 벌에 쏘여도 아무렇지 않기 때문에 결국 자기가 원하는 꿀을 차지한다는 겁니다.

곰 중에서도 내가 특히 좋아하는 흰곰은 두 가지 중요한 특성을 상징합니다.

첫째, 곰은 조용하고, 여유롭고, 정신과 육체의 긴장을 완전히 푸는 기술을 익히고 있습니다. 빙판 위에서 몸을 쭉 펴고 배를 드러낸 채 평화롭게 누워 햇볕을 쬐는 흰곰의 모습을 상상해보시면 이것이 무슨 말인지 알 수 있을 겁니다.

둘째, 곰은 먹잇감을 사냥할 때 결정적인 순간에 번개처럼 덤벼들어 상대를 때려눕힙니다. 힘과 순발력을 곰보다 더 잘 발휘하는 동물이 또 있을까요?

아, 걱정하지 마세요. 여러분이 꼭 빙판 위에 누워 있을 필요도 없고, 불쌍한 동물을 때려잡을 필요는 더더욱 없으니까요. 하지만 곰이 갖춘 몇 가지 장점을 배우고 익히는 것이 해로울 리 없습니다. 성과 위주의 사회에서 낙오하지 않으려면, 우리에게도 힘과 순발력이 필요합니다. 바쁜 일상에서 늘 시간에 쫓기고, 기한을 지켜야 한다는 강박에 시달리면서 점점 쌓여가는 스트레스에 압사당하지 않으려면, 침착하고 여유롭게 대처하는 법을 곰에게 배워야 합니다.

곰에게 배우세요. 나도 그렇게 했습니다. 여러분도 이 곰 이야기책을 읽고, 그렇게 하시기 바랍니다. '곰처럼 느긋하게 살면, 삶이 훨씬 수월해지고 행복해질 수 있다'는 사실을 늘 마음속에 새기세요.

　내가 진행하는 세미나나 웹사이트를 통해 이미 알고 계신 분도 있겠지만, 이 자리에서 다시 한 번 약속합니다. 만약 여러분이 곰하고 같이 있지 않은 나를 발견하신다면, 내가 샴페인 한잔 사겠습니다. 이건 곰의 명예를 걸고 여러분께 드리는 나의 정직한 약속입니다!

곰 같은 인사를 드리며

로타르 J. 자이베르트

등장동물

곰 브루노

지혜롭고 여유로운 멘토.
시간이 곧 운명이며,
현명한 시간 활용이
행복의 조건임을 안다.

곰 브륀힐데

브루노의 아내.
남들이 어려움을 겪을 때
기꺼이 돕는 등 마음씨가 곱다.

곰 주니어

청소년답게 활기차고,
성격이 밝아 자기 생각을
거침없이 표현한다.

올빼미 오이제비아

자신을 희생하면서까지
남을 돌보는 이타적 성격으로
숲 속 모든 동물에게서
존경받는 여교수이다.

꿀벌 베아테

부지런하고 성실하지만,
일밖에 몰라 늘 과로에
시달린다.

여우 페르디난트

안목이 높으나 기대치도 높아
집중력과 실행력이 약하다.
한 가지 일에 전념하지 못하니
아무것도 끝내지 못한다.

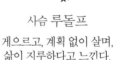

토끼 해리

성격이 급하고 불안정하다.
일을 나누지 않고, 혼자서
모든 것을 알아서 하겠다면서
늘 일에 치여 살아간다.

사슴 루돌프

게으르고, 계획 없이 살며,
삶이 지루하다고 느낀다.

조연

암토끼 헤르미네, 암여우 프리데리케, 암사슴 후베르타, 그 밖의 많은 숲 속 동물

특별 출연

북쪽 나라에서 온 위대한 흰곰 이글로

"새해가 밝았어요! 여러분이 작년을 어떻게 보냈는지,
모두 모여서 함께 이야기해봅시다!"

01

푸른 산에 사는
지혜로운 곰

푸른 산 너머 인간의 발길이 닿지 않은 비밀스러운 숲 속, 새해 첫날인 오늘 무지개가 유난히 아름답게 빛났습니다.

아침 첫 햇살이 나무 사이로 반짝이면서 한 해 마지막 날이면 어김없이 내리던 비도 말끔하게 물러갔습니다. 숲 속에 사는 동물들은 희미하게 빛나는 무지개를 보면서 큰 호숫가에서 매년 열리는 새해 모임에 갈 때가 되었음을 알았습니다.

숲 속 동물들이 사랑을 듬뿍 담아 '교수님, 교수님' 하고 부르는 올빼미 오이제비아는 이번에도 새해맞이 호숫가 아침 모임에 맨 먼저 도착했습니다. 혹시라도 늦을까 봐 조바심이 나서 비가 그칠 때까지 진득하게 기다릴 수 없었습니다. 오이제비아는 호숫가에 서 있는 커다란 참나무까지 날아오는 사이에 깃털이 비에 젖어 날갯짓할 때마다 몹시 불편했습니다. 게다가 새해 모임에서 읽을 연설문을 준비하느라 밤을 꼬박 새운 탓에 졸음이 몰려왔습니다. 오이제비아는 입을 크게 벌려 하품하며 눈을 비볐습니다.

"자, 여러분, 모두 모이세요!" 오이제비아는 숲을 향해 큰 소리로 외쳤습니다. "새해가 밝았어요! 여러분이 작년을 어떻게 보냈는지, 모두 모여서 함께 이야기해봅시다!"

"이런! 하마터면 오늘이 새해 첫날이라는 걸 깜빡 잊을 뻔했어!" 꿀벌 베아테가 붕붕대며 옆에서 날고 있던 다른 벌들에게 말했습니다. 베아테는 가끔 머리가 어디 달렸는지도 모를 정도로 바빠서 어떤 때는 아주 중요한 약속도 까맣게 잊어버리곤 합니다. 지난겨울, 다른 꿀벌들과 함께 속 빈 나무둥치 속에 이 벌집을 지을 때도 한시도 쉬지 않고 분주하게 몸을 움직여 추운 줄도 몰랐습니다.

"새해 첫날 모임에는 꼭 참석해야 해. 이런 날씨에는 말벌들도 거기까지 쫓아오지는 않을 거야!"

베아테는 떠나기 전, 외출 허락을 받으려고 여왕벌을 알현하고 나오던 길에 너무 바빠 서두른 탓에 주변에서 빈둥거리던 수벌들에 부딪고 말았습니다. 수벌들은 짜증을 내며 베아테에게 험한 말을 했지만, 베아테는 아랑곳하지 않고 황급히 모임 장소를 향해 날아갔습니다. 일도 하지 않고 게으름이나 부리는 수벌들과는 말을 섞을 시간조차 아까웠습니다. 아침 햇볕은 놀랍도록 따스했습니다.

"비켜!" 베아테는 앞서 날아가던 까마귀들을 향해 소리쳤습니다. "모임에 늦지 않으려면 어서 가야 해! 난 내가 할 일을 미리 다 해놓고, 나머지 시간을 쪼개서 거기 가는 길이란 말이야!"

하지만 베아테는 이번에도 또 너무 서두르는 통에 우람한 전나무 둥치를 꽝! 하고 들이받고 바닥으로 떨어졌습니다. 잠깐 정신이 아찔했던 베아테는 끙! 하고 일어나 다시 날개를 펴고 하늘로 날아올랐습니다. 까마귀들이 뒤에서 비웃듯이 까악까악 시끄럽게 울어대자, 베아테는 화가 난 듯 날카롭게 쏘아붙였습니다.

"시끄러워! 너희도 나처럼 바쁘게 살면, 겨울 뇌조처럼 털이 하얗게 세어버렸을 거야. 지금처럼 그렇게 새까만 몸을 반드르르하게 꾸미고 다닐 순 없었을 거라고!"

베아테는 온 힘을 다해 날개를 파닥거리며 큰 호수 쪽으로 쏜살같이 날아갔습니다.

여우 페르디난트는 찜찜한 기분으로 숲 속을 달리고 있었습니다. 조금 전 들쥐 굴을 발견했을 때 굴속에 들어 있는 들쥐는 잡은 것이나 다름없다고 생각했지만, 어이없게도 놓쳐버리고 말았기 때문입니다. 게다가 오늘 이런저런 계획들을 세웠지만, 제대로 해낸 것이 하나도 없었습니다. 페르디난트는 숲 속 동물들이 '여우는 영리하다'고 믿고 있는 대로 모두가 자신을 영리하다고 인정해주기를 바랐습니다. 하지만 오늘 자기가 한 짓을 보면 영리하기는커녕 너무도 한심했습니다. 더욱이 집에 빈손으로 돌아가면 아내가 또 뭐라고 핀잔할지 걱정이 앞서기도 했습니다.

굴로 돌아오자 예상했던 대로 아내는 빈손으로 들어서는 페르디난트를 보고 미간을 찌푸리며 물었습니다.

"당신, 설날 아침에 먹을 통통한 오리를 잡아오겠다고 했잖아요? 대체 어떻게 된 거죠?"

민망해진 페르디난트는 머리를 긁적이며 계면쩍은 웃음을 흘렸습니다.

"이것 참…." 뭐라고 대답해야 좋을지 몰라 머뭇거리던 페르디난트가 아내에게 대답했습니다. "당신 말이 맞아. 그렇게 말했지. 그래서 오리가 많이 모이는 강 쪽으로 갔어. 새해가 됐으니 물론 우리도 특별히 맛있는 오리를 먹어야 하지 않겠어? 그런데 오리를 노리던 중에 갑자기 우리 굴에 입구를 하나 새로 내기로 했던 계획이 떠올랐어. 그리고 또 오늘 열리는 새해 모임에 가야 한다는 생각도 났지. 그래서 서둘러 집으로 돌아와서 당신도 새해 모임에 함께 가고 싶은지 물어봐야겠다고 생각했어. 내 생각엔 우리 부부가 함께 모임에 가는 게 좋을 것 같은데, 당신 생각은 어때?" 페르디난트는 상기된 표정으로 아내를 바라봤습니다.

"당신은 정말 생각은 많고 행동은 없군요. 뭐 하나 끝맺는 일이 없어요. 그럼, 설날에 우리는 뭘 먹죠?" 아내는 사랑이 담겼지만, 엄격한 얼굴로 남편에게 물었습니다. "당신은 한 가지 일에 집중해서 오리 사냥을 끝마쳐야 했어요. 이제 우리는 오리 없이 새해를 맞아야겠네요. 아무튼 알았어요. 나도 새해 모임에 가겠어요."

그렇게 여우 부부는 함께 밖으로 나와 큰 호수를 향해 달려갔습니다.

수사슴 루돌프는 빽빽하게 자란 잡초 사이에 우울하게 앉아 있었습니다. 지루하기 짝이 없다는 듯한 모습이었죠. 갑자기 무슨 소리를 들었는지 귀를 쫑긋 세우고 비에 젖은 풀숲을 바라보았지만, 아무 일도 없다는 것을 확인하자 따분하다는 듯이 심드렁하게 다시 고개를 돌렸습니다.

"젠장, 벌써 몇 년째 이러고 있는 거야!" 루돌프는 길게 한숨을 내쉬었습니다. "사실 나한텐 봄이건, 여름이건, 가을이건, 겨울이건 달라질 건 아무것도 없어. 그저 아침에 일어나서, 먹고, 자고, 또 먹고, 또 자고, 먹이를 찾고, 쉬고, 또 먹이를 찾고, 그러다가 저녁이 되면 또 자러 가는 게 일이야. 아무 일도 일어나지 않으니 걱정거리도 없지. 어쩌면 이런 삶이 행복한 건지도 몰라. 하지만 삶이라는 게 그저 먹고 자는 것만은 아닐 거야. 어떻게 뭔가 좀 다르게 살 수 없을까?"

루돌프는 풀줄기를 하나씩 하나씩 뜯어 입에 넣고 천천히 씹었습니다. 그렇게 따분하게 풀을 씹다가 풀 위에 앉아 있는 까마귀를 보았습니다.

"야, 너 여기서 뭐 해?" 루돌프가 물었습니다.

"난 큰 호수로 가는 길이야. 넌 새해 모임에 안 가?" 까마귀가 물었습니다.

"아, 그 모임이 오늘 열리나?" 루돌프가 덤덤하게 말했습니다. "그럼, 나도 한번 가봐야겠군."

그날 아침에도 토끼 해리는 지쳐 쓰러질 지경이었습니다. 아내가 젊고 잘생긴 산토끼와 바람이 나 집을 나간 뒤로 새끼 일곱 마리를 혼자 기르고 있었기 때문이죠. 해리는 번잡을 피해 새끼들 이름을 '첫째', '둘째', '셋째', '넷째', '다섯째', '여섯째,' '일곱째'라고 지었습니다. 한번 들으면 귀에 쏙 들어오는 이름이긴 했죠. 식품 저장고에서 당근을 들고 온 해리는 새끼들에게 잔소리를 늘어놓기 시작했습니다.

"일곱째, 똑바로 앉아!"

"여섯째! 네 더러운 앞발 좀 봐라. 먹기 전에 앞발을 깨끗이 닦으라고 아빠가 몇 번이나 말했어?"

해리는 자기 자리에 깡충 뛰어올라 앉은 다음, 당근을 하나 집으며 말했습니다.

"자, 먹자!"

토끼 굴속은 아삭아삭 당근 씹는 소리로 가득 찼습니다.

"셋째! 제발 그렇게 허겁지겁 먹지 마! 당근은 많이 있으니까."

새끼들은 아무 말 없이 당근만 먹었습니다.

"둘째, 셋째, 넷째, 다섯째! 너희 오늘 학교에 가져갈 숙제는 다 했어? 아니면 아빠가 또 도와줘야 해?" 해리는 들고 있던 당근을 다 먹고 나서 새끼들에게 말했습니다. "어서 준비하고 학교 가야지, 응? 여섯째, 일곱째는 오늘 뭘 할거야? 너희는 강에 가서 비버 아저씨한테 겨울에 무너지지 않는 굴 만드는 법을 배우기로 했잖아! 실습이 중요하다는 건 너희도 잘 알고 있지? 아빠가 도와줄 일이 있으면 말해."

그러자 새끼들은 모두 깔깔대고 웃었습니다. 아직 학교에 다니지 않는 막내까지도 배를 잡고 웃었습니다.

"왜 그래? 아빠가 뭐 틀린 말이라도 했어?"

"아빠! 오늘은 공휴일이에요!" 첫째가 말했습니다. "설날이잖아요. 어제가 작년 마지막 날이었던 거 잊었어요?"

"설날? 이런, 깜빡 잊고 있었네! 그럼, 아빠는 어서 새해 모임에 가야 해! 그런데 어린 동생들은 누가 봐줄 거지? 그래, 첫째와 둘째가 동생들을 돌보면 되겠구나! 넷째는 점심때 식구들 먹을 것 좀 챙기고, 셋째는 청소를 맡아라! 그리고 너희 모두 아빠 없는 동안 얌전히 있어야 한다, 알겠지?"

호숫가에는 숲 속 동물이 모두 모여 있었습니다. 올빼미 오이제비아는 자기가 가장 좋아하는 전나무 가지에 올라앉아 큰 소리로 말했습니다.

"자, 모두 조용히 하세요!"

그리고 꿀벌 베아테에게 한마디 했습니다. "자네도 마찬가지야! 궁둥이 좀 붙이고 진득하게 앉아 있을 수 없나? 토끼 해리를 좀 보라고. 암토끼가 바람이 나서 집을 나가 버렸어도 혼자… 음음, 그러니까… 내 말은 해리도 오늘은 아주 차분하게 잘 처신하고 있다는 거야."

"알았어요." 베아테가 붕붕대며 대답했습니다. "하지만 해리는 점잖게 앉아 있는 게 아니라 지쳐서 축 늘어진 거예요. 저런 상태로 지내다 보면 그 많은 새끼들 돌보느라 언젠가는 쓰러지고 말 거예요. 해리, 난 네가 정말 걱정돼!"

"내 걱정은 말고 네 걱정이나 하지그래? 그렇게 붕붕대다가 목까지 쉬겠어!" 해리가 쏘아붙였습니다. "난 문제없어. 새끼 일곱 마리 기르는 것쯤은 식은 죽 먹기야! 시간을 잘 쪼개 쓰면, 다 해낼 수 있어."

해리의 말을 듣고 있던 오이제비아가 대화에 끼어들었습니다.

"물론, 자네 말이 맞긴 하지만, 그렇게 해서는 일을 제대로 할 수 없지. 자네, 지금 다른 일은 전혀 못 하고 있잖나? 이른 아침부터 늦은 밤까지 돌아다니면서 이것저것 일을 너무 많이 하다 보니 머리가 어디에 붙어 있는지도 모를걸? 그리고 자네 말이야…."

오이제비아는 고개를 돌려 꿀벌 베아테를 바라보며 말했습니다. "자네도 마찬가지야! 일에 파묻혀서 죽을 둥 살

둥 이 일대를 온통 휘젓고 다니잖나? 자네 말고도 일할 벌이 수두룩한데, 대체 왜 자네 혼자 벌 나라를 지키기라도 하듯이 그렇게 무리를 하는 건가?"

말을 마치고 잠시 침묵을 지키던 오이제비아가 다시 입을 열었습니다.

"사실, 우리 모두 바쁘게 살고 있지! 게다가 해리나 베아테보다 상태가 훨씬 심각한 동물도 많이 있어. 그래도 해리와 베아테는 월동 준비도 마치고 창고에 식량도 가득 쟁여놓았잖아. 하지만 루돌프 자네는 지난여름에도 빈둥빈둥 놀며 아무것도 준비하지 않았어. 그리고 페르디난트, 자네는 어떤가? 꼭 통통한 오리를 잡겠다더니 다른 일에 정신이 팔려 사냥할 시간도 없었다던데, 그 말이 사실인가?" 오이제비아는 시선을 청중에게로 향하고 진지한 얼굴로 이야기를 계속했습니다. "여러분, 우리는 지금 뭔가 잘못 사는 것 같지 않습니까? 물론 저도 마찬가집니다. 전 '푸른 산 너머의 삶'이라는 제목으로 원고를 하나 쓰느라고 얼마 전부터 하루도 편히 자본 적이 없어요. 그 스트레스가 얼마나 큰지 여러분은 상상도 못 하실 겁니다. 아직도 해야 할 일이 많은데, 전 지금 스스로 건강을 해치고 있어요. 어떻게 살아야 하는지 다들 알고 있다고 하면서도 실제로 그렇게 사는 동물을 난 아직 본 적이 없어요. 이렇게 늘 쫓기고, 화내고, 긴장하고, 죽도록 일하려고 세상에 태어난 건 아니잖습니까? 내 말이 맞죠?"

"교수님 말씀이 맞습니다." 여우 페르디난트가 말을 이었습니다. "하지만 삶이란 게 원래 그런 거 아닙니까? 이것저것 계획은 많이 세우지만, 죽기 전에 그중에서 절반만이라도 해내면 다행이죠!"

"맞아, 할 일은 너무 많고, 시간은 너무 모자라!" 꿀벌 베아테가 길게 한숨을 내쉬며 말했습니다. 베아테는 이미 자기 자리를 떠나 불안한 듯 붕붕대며 나무 위를 날아다니고 있었습니다.

"베아테, 난 네 말을 이해할 수 없어." 이번에는 사슴 루돌프가 말했습니다. "오늘 못 하면, 내일 하면 되지, 뭐가 문제야?"

꿀벌이 날아서 사슴의 뿔 위에 올라가 귀에 대고 말했습니다.

"하지만 내일이 되면 모레로 미루고, 글피가 되면 또 그 다음 날로 미룰 거 아냐? 그렇게 늘 뭔가를 끝내지 못했다는 불편한 마음으로 살게 되겠지. '내일, 또 내일, 오늘만 아니면 돼….' 게으름뱅이들은 그렇게 말하잖아."

"조용히, 여러분, 조용히 하세요!" 오이제비아가 소리쳤습니다. "오늘이 새해 첫날이란 걸 잊지 마세요! 우리가 작년에 겪었던 문제들을 서로 이야기하고, 새해에는 이 문제들을 과연 어떻게 해결할지를 함께 생각해보자고 여기 모인 거잖아요? 그런데 여러분 이야기를 들어보니, 모두 삶이 참 고단하고, 삐걱대는 것 같군요. 매일 아침부터 밤까지 아무리 열심히 일해도 형편은 전혀 나아지지 않죠! 일은 산더미처럼 쌓여가는데, 그걸 다 해낼 도리도 없고, 심지어 가족을 돌볼 시간조차 없죠!" 오이제비아는 그 자리에 있던 동물들이 모두 들을 수 있을 만큼 큰 소리로 한숨을 내쉬었습니다. "하지만 여러분…." 올빼미 교수는 다시 기운을 차리고 목소리를 높여 말했습니다. "내가 이 모든 문제의 해결책을 알고 있어요." 올빼미는 잠시 의미심장하게 침묵을 지켰다가 다시 말을 이었습니다. "얼마 전, 나는 긴 여행을 떠났다가 푸른 산 어느 굴에 살고 있다는 지혜로운 곰들의 이야기를 들었어요. 그 곰들은 엄청나게 많은 일을 하면서도 늘 여유롭고 기분 좋게 사는 비밀을 알고 있다고 하더군요. 그렇게 정해놓은 목표에 도달하면서도, 자신이 진정으로 원하는 새롭고 놀라운 일을 할 시간도 충분히 누리고 있다고 했습니다." 올빼미는 숨을 깊게 들이쉬고 나서 모여 있는 동물들에게 말했습니다. "자, 여러분! 그 곰들을 이리로 모셔옵시다! 지금보다 더 나은 삶, 더 의미 있는 삶을 살려면 우리가 뭘 어떻게 해야 하는지, 곰들에게 그 비밀을 들어봅시다!"

02

전설의 곰을 찾아서

꿀벌 베아테, 토끼 해리, 여우 페르디난트, 사슴 루돌프
는 올빼미 오이제비아 교수가 단장이 되어 그 지혜로운 곰
들을 찾아 떠나는 대표단에 뽑혔습니다.

"우선 잠을 푹 자고, 여행 중에 사냥할 필요 없도록 각
자 식량을 준비하세요! 그리고 내일 해가 뜰 때 이 나무 밑
에서 다시 만나기로 합시다. 다들 알았죠?" 오이제비아가
말했습니다.

동물들은 푸른 산에 산다는 그 지혜로운 곰들이 정말로
행복한 삶의 비밀을 알고 있을지 궁금해하면서도 모두 마

음이 들뜬 채 자리를 떴습니다.

"벌써 두 시간째 기다리고 있는데, 자네 말고는 아무도 안 왔어!" 조금 언짢은 듯 올빼미 교수가 투덜거리며 사슴 루돌프에게 눈길을 돌렸습니다. 사슴은 나무 아래 누워서 꿈쩍도 하지 않고 그 자리에 그대로 멈춰 서 있는 달팽이 와 지루한 듯 눈빛을 주고받고 있었습니다.

"부지런한 꿀벌 베아테는 벌써 일하러 갔을 테고, 새끼 일곱 마리 때문에 늘 정신이 없는 토끼 해리는 아직도 할 일이 남았겠지! 여우 페르디난트는 아내와 약속했던 오리 를 어서 잡아서 가족들한테 가져다주려고 하고 있겠지!" 올빼미는 눈을 껌벅이며 떠오르는 해를 쳐다보았습니다. "그리고 자넨, 어제저녁에 먹은 밥을 소화하느라고 밤새 여기 누워 있는 바람에 제시간에 나타난 셈이 됐겠지! 어 쨌든, 좋아! 자, 우리 대표단 동물들을 데리러 가세."

"교수님이 정 그렇게 말씀하신다면…." 사슴이 느긋한 목소리로 말했습니다. "운동 삼아 함께 가는 것도 나쁘진 않겠죠."

하지만 사슴의 느긋한 목소리는 올빼미가 "아, 자네들 거기 있었군!" 하고 흥분된 목소리로 외치는 바람에 그만 묻혀버렸습니다.

"자네들이 여기서 어슬렁거리고 있을 줄 알았지! 내가 꼭 모든 걸 일일이 챙겨야겠나? 아이고…." 올빼미는 바짝 긴장한 여우의 표정을 보자 맥이 빠진 듯 한숨을 내쉬었습니다. "자네 오리 사냥하러 갔었지?" 그렇게 말하고는 분주하게 날갯짓하며 붕붕대는 꿀벌 베아테를 향해 고개를 돌리고 물었습니다. "그리고 자넨 착실히 일한답시고 어젯밤에도 늦게까지 돌아다니며 일했겠지? 자넨 왜 그렇게 늘 안절부절못하나? 자네 사전에 휴식이니 안정이니 하는 말은 아예 존재하지 않는 것 같군."

그러나 꿀벌은 들은 척도 하지 않고 날개를 경련하듯 떨며 바쁘게 물었습니다.

"뭐라고요? 우리 지금 누굴 기다리고 있죠? 언제 출발하죠?"

다른 동물들이 모두 도착했을 때 토끼는 이미 떠날 준비를 하고 있었습니다. 사실 토끼는 지난밤을 거의 뜬눈으로 지새웠습니다. 새끼 토끼 한 마리가 감기에 걸려 몹시 아팠기 때문입니다. 그런데도 토끼는 씩씩하게 출발을 재촉했습니다.

"자, 어서 떠나죠!"

하지만 밤새 내린 눈 때문에 동물들은 빨리 앞으로 나아갈 수 없었습니다. 사슴은 걸음을 옮길 때마다 발이 눈에 푹푹 빠졌고, 여우는 혹시라도 눈에 갇힌 사냥감이 있을까 해서 자꾸 주위를 두리번거렸습니다. 토끼만이 깡충깡충 이리저리 쌓인 눈을 스치듯 빠른 속도로 달려나갔습니다.

다른 동물들이 알아차리지는 못했지만, 올빼미도 휘몰아치는 눈보라에 맞서 힘겹게 날아가고 있었습니다. 날갯짓할 때마다 얼음처럼 차가운 바람이 깃털 밑을 파고들었습니다.

'이렇게 계속 가다가는 감기 걸리겠어!' 올빼미가 지친 듯 한숨을 내쉬었습니다. 하지만 온 힘을 다해 하늘 높이 날아가 다음 언덕을 넘어가자 멀리 푸른 산이 보였습니다.

"여러분, 이제 다 왔어요. 조금만 더 힘을 내요!" 올빼미는 아래서 달리고 있는 동물들을 향해 소리쳤습니다.

토끼 해리는 올빼미가 하는 말을 듣지 못했습니다. 혼자서 너무 빨리 달리다 보니 너무 멀리 와버려서 다른 동물들을 시야에서 놓쳐버렸기 때문이었습니다. 조금 전까지만 해도 일행이 뒤에서 쫓아오고 있었는데, 이제는 아무도 보이지 않았습니다. 토끼는 첫 번째 언덕과 두 번째 언덕 사이에서 이러지도 저러지도 못하고 서 있었습니다.

"어이, 너희 모두 어디 있어?" 토끼는 목이 쉬도록 일행을 불러봤지만, 아무 대답도 들려오지 않았습니다.

토끼는 오던 길로 되돌아갔다가, 옆으로 뛰어갔다가, 곧장 내달았다가, 다시 제자리로 돌아와 멈춰 선 채 어쩔

줄 모르고 있었습니다. 눈 덮인 땅에 팬 깊고 큰 구덩이가 일행을 모두 삼켜버리기라도 한 걸까요? 텅 빈 들판에 홀로 남겨진 토끼의 두 귀가 축 처졌습니다.

"숲 속 동물 친구들은 우리 토끼들하고 속도를 맞추지 못하는 거야." 토끼는 우울한 얼굴로 중얼거렸습니다.

그러나 지금까지 너무 무리하게 달려왔던 토끼는 서서히 피로를 느끼기 시작했습니다. 쉬지 않고 달리다 보니 다리를 너무 혹사해서 아침에 출발하던 때와는 달리 씩씩하고 거침없이 달릴 수 없었습니다. 토끼는 자주 달리기를 중단하고 바람에 날려 두껍게 쌓인 눈 속에 파묻힌 채 할딱이며 가쁜 숨을 몰아쉬는 수밖에 없었습니다.

"아, 나도 이제 나이를 먹었나 봐!" 토끼는 또 한 번 길게 한숨을 내쉬었습니다.

토끼는 그렇게 가다 서기를 반복하면서 천천히 앞으로 나아가다가 잠시 멈춰 서서 하늘을 올려다보았습니다. 그러자 눈송이 몇 개가 얼굴에 떨어졌습니다. 토끼는 그렇게 눈을 맞으면서도 밀려오는 졸음을 참을 수 없었습니다. 그리고 한편으로 일행을 염두에 두지 않고 으스대며 혼자 달려온 자신의 행동이 너무도 어리석었다는 생각이 들자 부끄러워졌습니다. 다시 걸음을 옮기기 시작한 토끼는 어느덧 허허벌판 한가운데 나무 몇 그루가 서 있는 지점에 다다랐습니다. 조금 마음이 놓인 토끼는 잠시 나무 밑에서 쉬어가기로 했습니다.

"한숨 자고 나면 다시 기운이 날 거야." 토끼는 스스로 그렇게 위로했습니다. "언젠가 다른 동물들도 나타나겠지!"

그러나 잠든 지 3분도 채 지나지 않아 토끼는 귀를 간질이는 소리에 잠에서 깼습니다. 눈을 뜨자, 바로 코앞에 꿀벌 베아테가 날개를 붕붕대며 토끼를 바라보고 있었습니다.

"너 지금 어디서 오는 거야?" 토끼가 놀라서 물었습니다. "너도 길을 잘못 든 거야?"

"여기서 너를 만나니 참 반갑다." 꿀벌이 가슴을 쓸어내리며 말했습니다. "난 푸른 산까지 가기를 일찌감치 포기했거든!" 꿀벌은 토끼의 털에 내려앉아 다시 붕붕거렸습니다. "여긴 너무 추워! 그렇지 않으면 나도 잠깐 눈이라도 붙일 텐데…."

"내 털 속으로 파고들어 와. 그래, 겨드랑이 쪽이 가장 따뜻할 거야!"

꿀벌은 토끼의 털을 헤치고 들어가 앉았습니다.

"그래, 바로 거기야. 걱정하지 마, 내가 널 눌러 죽이지는 않을 테니! 그런데 침은 좀 네 몸속에 넣어두지그래, 응?"

한편, 다른 동물들은 모진 고생 끝에 드디어 푸른 산에 도착했습니다. 사슴 루돌프는 지쳤다는 듯이 "아이고!" 하고 앓는 소리를 냈습니다.

"여기까지야, 이제 더는 못 가!" 그리고 바닥에 털썩 주저앉았더니 눈 덮인 나무 사이에 벌렁 누워버렸습니다.

"벌써 곰 이야기는 다 잊어버린 거야?" 올빼미가 사슴에게 핀잔하듯 말했습니다.

"아, 그렇지! 그래요, 곰…." 사슴은 무심하게 딴전을 피며 말했습니다. "뭐, 곰은 아무래도 좋아요! 난 우선 한숨 자야겠어요."

사슴과 한패가 되어 오랫동안 눈 속을 달린 여우 페르디난트는 온통 상처투성이가 된 앞발을 살펴보고 있었습니다.

"왜 앞발만 이렇게 아플까? 마음 같아서는 남들보다 훨씬 앞서 달려가서 맨 먼저 곰을 만났어야 하는데… 그러면 다른 동물들이 올 때까지 기다리면서 곰하고 먼저 이야기를 시작할 수도 있었을 텐데!"

그런 생각에 빠져 있던 여우는 얼마나 피곤했는지 코 골며 자고 있던 사슴 위로 털썩 쓰러져 곧바로 깊은 잠에 빠졌습니다. 올빼미는 절망한 듯 고개를 가로저었습니다. 그래도 잠든 동물들이 추워할까 봐 나뭇가지들을 주워다가 덮어주었습니다.

"곰들한테 가서 사정을 알리고 구조대를 보내달라고 해야겠어! 곰들이 사는 굴이 여기서 그리 멀지 않을 테니… 한 시간이면 충분할 거야…."

올빼미는 계속 날아갔습니다. 하지만 마음만 급해서 자기 날갯짓이 얼마나 느려졌는지조차 알아차리지 못했습니다. 올빼미는 친구들, 특히 기진맥진한 사슴 페르디난트와 추위를 전혀 견디지 못하는 꿀벌 베아테가 가장 걱정스러웠습니다.

"이 일은 나 혼자 해야 했어. 공연히 다른 친구들을 끌어들여 고생하게 한 건 내 잘못이야." 올빼미는 때늦게 후

회했습니다.

하지만 이제 젊은 시절의 혈기가 사라진 올빼미는 갈수록 기력이 떨어지고 있었고, 이번에도 온종일 모험을 감행해야 하는 상황이었으니 어쩔 수 없었죠.

"이젠 정말 쉬어야 해." 올빼미는 스스로 타이르듯 말했습니다. "하지만 일단 시작한 일은 끝내야지."

올빼미는 힘에 겨워 땅 위를 낮게 날았지만, 겨우 몇 미터도 나아가지 못해서 눈앞이 캄캄해졌습니다. 덜컥 겁도 났습니다. 하지만 이대로 쓰러질 순 없었습니다.

"조금만 더… 몇 미터만이라도…." 올빼미는 절망스럽게 자신을 몰아붙였습니다. 하지만 날개가 바닥에 부딪히면서 곧바로 눈 속으로 곤두박질치고 말았습니다.

"자, 여러분. 이제 내가 셋을 세면 눈을 뜨고 현실로 돌아오세요.
하나, 둘, 셋! 어떻습니까? 5년 뒤에는 방금 여러분이
상상했던 대로 그렇게 살고 싶으신가요?"

03

세상에 없던 코치,
브루노

한참 만에 정신을 차린 올빼미는 자신이 커다란 굴속에 있다는 걸 깨달았습니다. 마른 풀로 짠 두툼한 깔개 위에 누워 있었고, 불을 지피지 않았는데도 굴속은 따듯했습니다.

"베아테! 해리! 페르디난트! 루돌프!" 올빼미는 절망적으로 친구들 이름을 소리쳐 불렀습니다. 그리고 자리에서 일어나는데 갑자기 털이 북슬북슬한 앞발 하나가 올빼미를 툭! 하고 쳐서 깔개에 다시 쓰러뜨렸습니다. 올빼미는 뒤로 발랑 넘어졌습니다.

"이봐요! 그렇게 촐싹대지 말고 좀 느긋해져 봐요!" 올빼미 곁을 지키고 앉아서 왠지 마음이 편해지는 미소를 짓고 있던 덩치 큰 곰의 낮고 굵은 목소리가 굴 안에 울려 퍼졌습니다.

"당신 친구들은 다 여기 있어요! 다행히 우리가 너무 늦지 않게 도착해서 모두 우리 굴에 데려다 놓았죠! 다들 무사하니 걱정하지 마세요. 그런데 당신들이 얼마나 오래 잤는지 압니까?"

"얼마나 잤는데요?" 궁금해진 올빼미가 물었습니다.

"자그마치 사흘 밤, 사흘 낮을 잤어요!" 갈색 곰이 대답했습니다. 미소 짓는 곰의 단추처럼 작고 반짝이는 눈에는 장난기가 가득 서려 있었습니다. "그렇게 계속 자다가는 우리 곰들처럼 겨울잠을 자게 될 겁니다!"

"어떻게 우리를 발견했죠?"

"내 아내 브륀힐데 덕분이에요." 곰은 그렇게 대답하면서, 자기 이름이 들리자 겸손하게 눈을 내리까는 아내를 가리켰습니다. "아내는 잠귀가 옅거든요. 곰들이 모두 매머드처럼 깊은 잠에 빠지는 겨울에도 마찬가지예요. 아내가 겨울잠에서 깨어나 나와 아들 녀석을 깨웠죠."

곰은 주둥이가 튀어나오고 누런 이빨이 번쩍이는 아들 곰 주니어를 가리키며 그렇게 말했습니다. 아들 곰은 동굴 입구 벽에 기대서서 나뭇등걸에 대고 등을 벅벅 긁고 있었습니다. 암곰 브륀힐데가 입을 열었습니다.

"내가 당신들을 꿈에서 봤어요. 난 꿈을 자주 꾸는 편인데, 이번 꿈은 아주 선명하고 예사롭지 않아서 꿈이 딱 들어맞을 수밖에 없었죠." 브륀힐데가 미소 지었습니다. "그런데 남편 브루노는 당신들이 우리를 만나러 찾아왔다는 내 말을 믿지 않았죠!" 브륀힐데가 힐난하듯 남편을 곁눈으로 슬쩍 바라보았습니다. "그런데 눈 속에서 당신들을 발견한 거예요!"

"그럼, 우리가 왜 이곳에 왔는지도 아시겠군요."

오이제비아가 희망에 차서 말했습니다. "우리를 좀 도와주시겠어요?"

브루노는 늠름하게 고개를 끄덕였습니다.

"물론 그래야죠. 게다가 우린 이미 작업을 시작했어요!" 브루노는 축축한 동굴 벽에 걸어놓은 글 판을 가리키며 말했습니다. "당신들은 잠자면서 잠꼬대를 많이 하더군요. 삶에서 뭐가 부족한지, 뭘 기대하는지를 우리한테 정확히 알려준 셈이죠. 그래서 우린 그걸 모두 기록해놓았어요!"

브루노는 글 판에 메모해둔 내용을 멀리서 바라보면서 싱긋이 미소 지었습니다.

"올빼미 오이제비아 교수님은 잠을 자면서도 빼곡하게 짜놓은 일정에 대해 쉴 새 없이 말을 계속하더군요. 그리고 모든 이를 만족하게 해줄 수 없는 안타까움도 토로했어요. 또 잠을 한번 푹 자고 싶고, 제대로 푹 쉬고 나서 재충전하고 싶다는 말도 했어요. 그리고 자신을 위해, 또 자기한테 중요한 일을 하는 데 좀 더 많은 시간이 필요하다고 말했어요. 그리고 언제나 다른 이들이 당신한테 원하는 것, 기대하는 것을 해주느라고 쩔쩔매는 짓은 이제 그만뒀으면 좋겠다고 하더군요."

브루노는 고개를 돌려 사슴을 보며 말을 계속했습니다.

"사슴 루돌프, 당신은 하루를 충실하게 보냈다는 홀가분한 기분으로 잠자리에 들기를 꿈꾸더군요. 온종일 허송세월하지 않고, 먹는 것에만 신경 쓰지 않고, 의미 있고 중요한 일을 하면서 시간을 보냈으면 좋겠다고 하더군요."

이번에는 토끼를 향해 말을 이었습니다.

"토끼 해리, 당신이 원하는 것은 정반대더군요. 너무 여러 가지 일을 하느라고 이리저리 쫓아다니다 보니 정신도 없고, 일도 엉망이 되어버리니 그 모든 일을 하나로 묶어 해낼 수 없을지, 그 방법을 알지 못해 안타까워하더군요. 집안일만 해도 그렇죠. 아이가 일곱이나 되니 뒷바라지하느라 얼마나 정신이 없겠어요? 하지만 꿈속에서는 아이들이 집안일을 서로 나누고 함께 일하니까, 더는 일의 노예가 되지 않은 것 같다고 하더군요."

브루노는 꿀벌에게로 시선을 돌렸습니다.

"꿀벌 베아테, 당신은 인생이 그저 일의 연속이니 참으로 억울하죠, 안 그래요? 친구들도 자주 만나고, 여행도 하고, 맛있는 것도 먹고, 일 말고도 인생에 아름다운 것들이 많은데, 그런 것들에 더 많은 시간을 할애하고 싶다고, 잠꼬대하더군요."

브루노는 여우를 향해 말을 시작했습니다.

"여우 페르디난트, 당신은 잠꼬대하면서 모든 동물이 그렇게 믿듯이 진짜 영리한 여우가 되고 싶다고 했어요. 나도 당신이 꿈꾸는 아이디어들을 실현하는 데 성공하기를 빕니다. 하지만 당신의 그 원대한 계획이 힘에 부쳐서 좌절하거나 불만을 품지 않게 되기를 또한 빕니다."

브루노는 미소를 띠며 그곳에 있는 모든 동물을 빙 둘러보았습니다.

"내 말이 맞습니까?"

"네, 맞습니다. 맞아요!" 하고 동물들이 모두 합창하듯 대답했습니다.

"여러분은 모두 변화가 필요하죠?" 브루노는 말했습니다. "그렇다면 여러분은 이미 첫걸음을 내디딘 겁니다! 자기가 삶에서 무엇을 원하는지, 그걸 분명히 안다면 행복하고 보람찬 삶으로 가는 첫걸음을 이미 내디딘 거나 다름없습니다! 여러분은 지난 사흘 동안 자면서 꿈속에서 바랐던 것, 그걸 정확하게 마음에 새겨야 합니다!" 브루노는 아내를 쳐다보았습니다.

"브륀힐데, 우리 손님들이 사흘이나 굶어서 몹시 시장하실 테니, 드실 걸 좀 내오구려!"

올빼미 오이제비아와 친구들은 불가에 둘러앉아 브루노의 아내가 가져온 음식을 맛있게 먹었습니다.

"좋은데? 이렇게 맛있는 음식은 정말 오래간만에 먹어 보는걸?" 여우가 음식을 칭찬하자 다른 동물들도 모두 고개를 끄덕였습니다.

식사가 끝나자, 브루노는 만족하다는 듯 소리를 내며 왼쪽 겨드랑이 밑을 긁었습니다.

"자, 이제 본론으로 들어가죠." 브루노가 다시 대화를 시작했습니다. "여러분 문제가 뭔가요?"

올빼미는 융숭한 식사를 끝내고 다시 문제를 풀기 위해 모여 앉은 친구들을 찬찬히 바라보았습니다.

"우리는 삶을 스스로 주체하지 못해요, 브루노. 오래전부터 우리는 거의 미친 듯이 일을 하고 있는데, 정작 우리 삶에는 아무런 진전이 없어요. 더 행복해지지도 않았고, 자산이 더 많이 쌓인 것도 아니죠. 삶에서 웃음과 평온은 줄어들었고, 불안과 공포는 더 커졌어요. 분명히 뭔가를 잘못하고 있는 거예요, 그게 아니라면, 살기가 더 좋아져야 할 텐데 말이죠. 절대로 우리가 게을러서 그런 건 아니라고 생각해요."

브루노는 시원한 물을 한 모금 마시고는 주둥이를 닦았습니다.

"그런 문제라면 우리 할아버지한테서 전해 들어서 저도 이미 알고 있죠." 브루노가 말했습니다. "까마득한 옛날에 우리 조상님들도 똑같은 어려움을 겪고 있었죠. 아침부터 밤까지 죽도록 일했지만, 호랑이한테 잡아먹히지 않으면 다행이라고 할 정도로 위험한 삶을 살고 있었죠! 그때 우리 조상 이글로가 '동면'이라는 수단을 고안해냈습니다. 이글로는 곰들의 전설에 나오는 가장 위대한 흰곰, 신화적인 조상이에요! 나보다 세 배는 더 크고, 세 배는 더 무거운 흰곰이었다고 전해집니다! 이후로 우리는 겨울에 잠을 자면서 충분한 휴식을 취하고, 봄이 오면 다시 시장기를 느끼고 일어나 활동하도록 몸이 조절되어 있죠."

"우리는 겨울잠이라는 걸 몰라요." 올빼미 교수가 안타까워했습니다. "그리고 우리는 음식을 많이 먹어서 겨울 동안 단식하면서도 살아남을 수 있도록 체내에 열량을 충분히 저장해두지도 못하죠. 하지만 우리에게는 전해오는 전설이 있어요. 삶을 어떻게 계획하고, 일을 어떻게 분배하고, 시간을 어떻게 활용하면 최대한 행복하고 건강하고 평온하게 살 수 있는지를 아는 지혜로운 곰들이 푸른 산에 살고 있다는 전설이죠. 그래서 우리가 여기 온 거예요. 우리 숲속 동물들한테 당신네 지혜를 전해줄 수 있을까요?"

"물론이죠." 브루노가 한 치의 망설임도 없이 대답했습니다. "당장 첫 수업부터 시작합시다. 여러분이 더 나은 삶, 더 행복한 삶을 살고자 한다면, 우선 여러분이 삶에서 이루고 싶은 것이 무엇인지를 분명히 알아야 합니다. 여러분의 꿈, 희망, 목표는 무엇입니까? 어쩌면 좀 이상하게 들릴지도 모르겠군요. 하지만 장기적인 전망, 삶의 비전이 필요하다는 겁니다. 지레 포기하지도 말고, 두려워하지도 말고, 위축되지도 말고, 자기가 생각해낼 수 있는 가장 크고, 높고, 빛나는 목표를 한번 상상해보세요. 하늘의 별도 딸 수 있다고 스스로 믿어보세요! 중요한 건 바로 이 믿음입니다.

우리 곰들은 스스로 삶을 어떻게 계획해야 하는지 배웠습니다. 자, 여기서 우리 놀이를 하나 해보지요. 그냥 눈을 감고 앞으로 5년 뒤에 자신이 어디에 어떤 모습으로 있을지 한번 상상해보세요. 여러분이 어떻게 살게 될지, 무엇을 하게 될지, 어떻게 지내고 있을지 아주 구체적으로 상상해보라는 거예요. 자, 준비됐습니까?"

동물들은 지금까지 살아오면서 브루노가 제안하는 이런 경험을 한 번도 해본 적이 없었습니다. 가끔 숲에 찾아와 행복의 비결을 팔겠다며 이런저런 이야기를 늘어놓는 동물들은 있었지만, 브루노는 그들과 전혀 달랐습니다. 그야말로 지금까지 세상에 없던 코치였죠. 동물들은 브루노의 말에 모두 고개를 끄덕였습니다.

"좋아요! 자, 그럼 시작!"

올빼미 오이제비아는 자기가 제일 좋아하는 전나무 가지에 앉아 있는 자기 모습을 보았습니다. 깃털은 좀 더 성기고, 눈은 전만큼 예리하지 못했습니다. 하지만 뭔가를 하려는 의욕에 가득 차 있었고, 잠도 충분히 자서, 원기가 왕성하게 느꼈습니다. 몸을 혹사하면서 남들을 위해 일하고, 과로하면서 한숨도 못 자는 대신에 이제 자기 계획과 일정에 맞지 않는 부탁이나 요청은 모두 거절했습니다. 최우선 순위는 자기가 중요하다고 생각하는 일과 자기가 과제로 정한 것들이 차지하고, 비록 전과 다름없이 매우 꼼꼼하게 일을 처리해도 더는 완벽주의자로서 사소하고 별 의미 없는 구석에까지 집착해서 마음을 졸이지는 않았습니다. 다른 동물들은 올빼미가 전과 달리 자신의 요청을 곧바로 들어주지 않는 것이 낯설기는 했지만, 올빼미에게는 자기 삶의 질을 높이고자 뭔가를 한다는 것이 즐겁기만 했습니다.

꿀벌 베아테는 화려한 야생화에 내려앉아 진한 꿀을 모으고 있는 자기 모습을 상상했습니다. 이른 봄 첫 태양을 만끽하면서 꿀을 모으는 일은 여전히 즐거웠습니다. 꿀을 모으는 시간이 정확하게 정해져 있어서, 매우 열심히 꿀 모으기에 달려들었기 때문입니다. 베아테는 일이 끝나고 나면 친구들을 만나 누가 빨리 나는지 시합하거나 꿀 모으는 일과 상관없이 낯선 지역을 탐험하면서 자유 시간을 보냈습니다. 그러다 보니 일하는 시간에는 더 집중적으로 일에 몰두할 수 있었고, 쉬는 시간에는 더 활발하고 즐겁게 자유를 즐길 수 있었습니다.

여우 페르디난트는 해보고 싶은 것이 너무 많아 어떤 것을 골라야 할지 한동안 마음을 정하지 못했습니다. 그러다가 결국 세 가지 일에 집중하기로 정하고 나서 5년 뒤를 상상해보았습니다. 페르디난트는 가족과 함께 숲 속에서 가장 큰 굴에서 살면서 매일 통통한 오리를 먹는 자신의 모습을 상상했습니다. 그리고 무엇보다도 자신이 가장 약삭빠르고 영리한 여우가 되어 숲 속 모든 동물이 자신을 인정하고 존경하는 상황을 머릿속에 그려보았습니다.

토끼 해리는 부엌에 느긋하게 앉아 있는 자신의 모습을 상상했습니다. 첫째와 둘째는 이미 결혼해서 자기 가정을 꾸렸고, 셋째는 요리를 배워 매일 새로운 당근 요리를 마법처럼 만들어내고 있었습니다. 넷째와 다섯째는 집안일을 돕고, 여섯째는 늘 운동하러 가서 해리는 조용하게 자기 시간을 보낼 수 있었습니다. 그리고 이제 막 학교에 다니기 시작한 일곱째는 스스로 자기 방도 치우고 숙제도 혼자 했습니다. 저녁이면 온 가족이 둘러앉아 도란도란 이야기를 나눴습니다. 해리는 '그래, 그렇게 될 거야.' 하고 속으로 생각했습니다. '나는 아주 조용한 타입이거든, 그리고 이런저런 일 때문에 시달리며 쫓아다니는 일은 이제 다시는 없을 거야.'

사슴 루돌프는 엎드린 채 가만히 히죽거리고 있었습니다. '내가 먹을 것은 언제나 충분히 있을 거야. 하지만 시간을 전부 먹는 것에만 집착해서 보내지 않도록 하루를 잘 설계해야지. 내가 좋아하고 계획하는 일을 드디어 하고 있을 거야. 비록 그게 뭔지는 아직 모르겠지만….' 그런 생각을 하며 루돌프는 흡족해했습니다. '그리고 다른 일들도 계획해볼 수 있겠지. 스트레스 없이, 압박감 없이 오로지 나만을 위해 시간을 낼 거야. 숲 반대편에 가서 소풍도 하고, 무엇보다도 가정을 꾸려야지. 얼마 전부터 내가 마음속에 점찍어둔 그 예쁜 암사슴이랑 잘되면 참 좋겠는데….'

"자, 여러분. 이제 내가 셋을 세면 눈을 뜨고 현실로 돌아오세요…. 하나, 둘, 셋! 어떻습니까? 5년 뒤에는 방금 여러분이 상상했던 대로 그렇게 살고 싶으신가요?"

"예에!" 그 자리에 있던 동물들은 모두 한목소리로 대답했습니다.

"그렇다면 이제 우리가 수업을 시작할 때가 되었군요!" 브루노가 말했습니다. "여러분이 숲 속으로 돌아가서서 다른 동물들에게도 가르쳐줄 수 있도록, 내가 제1장을 이미 칠판에 써놓았습니다! 여러분, 뭘 기다리고 있어요? 곧바로 시작하세요!"

자기가 꿈꾸는 삶의 목표를 글로 쓰라!

✓ 지금 이룰 수 없다고 생각하는 것을
반드시 이룰 수 있음을 믿어라.

✓ 자신이 진정으로 원하는 삶에 대한 계획을 세워라.
그리고 진정으로 원하는 것이 무엇인지를
구체적으로 글로 쓰라.

✓ 자신이 실제로 할 수 있는 일부터 시작해서 자신이 실제로
도달할 수 있다고 믿는 삶의 목표를 글로 쓰라.

✓ 목표가 너무 멀고 크고 막연하면 중간에 좌절할 수 있다.
그러니 그 목표로 향하는 길에 여러 개의 중간 목표를
구체적으로 정하고 글로 쓰라.

"짧은 길이 반드시 빠른 길은 아닐세.
어떤 때는 에둘러 가는 편이 훨씬 더 빠를 수 있다네."

04

위대한 흰곰의
전설

　브루노 가족이 숲 속 동물들을 따라 계곡으로 내려오는 길에 초원 여기저기에는 야생화들이 곱게 피어 있었습니다. 양지 바른 곳에서는 햇볕에 눈이 녹았고 산등성이 음지에만 흰 눈이 쌓여 반짝였습니다. 땅바닥은 아직 축축하고 질퍽질퍽했고, 앞다리로 땅을 밟으면 움푹 들어갔습니다.

　"내 뒤에 바싹 붙어요! 안 그러면 미끄러지니까!" 브루노가 일행에게 주의하라고 경고했습니다.

　곰들이 너무 느리게 걸어갔기에 토끼는 폴짝폴짝 뛰면

서 앞서 가다가 좁은 오솔길에서 벗어났고, 그만 깊은 진흙 수렁에 배까지 빠지고 말았습니다.

"말 안 해도 알아요, 알아…." 토끼는 브루노의 핀잔이 날아오기 전에 스스로 잘못을 인정했습니다. "맨 앞에 가는 자가 맨 뒤에 가게 되리라는 말씀을 하시려는 거죠? 토끼와 거북이 이야기는 처음부터 끝까지 다 외울 정도로 잘 안다고요."

브루노가 토끼를 데리고 오솔길로 돌아오면서 짓궂게 웃으며 말했습니다.

"자네가 자신에게 속지만 않는다면, 전혀 문제없어!"

원정을 떠났던 동물들이 큰 호수 옆 빈터로 돌아오자 남아 있던 동물들은 열렬히 환영했습니다. 지혜로운 곰들을 맞이하기 위해 숲 속 동물이 모두 모여 있었습니다. 두

더지, 너구리, 멧돼지가 왔고, 오소리, 담비, 수달도 왔습니다. 참새, 까치, 딱따구리도 왔고 독수리, 매, 부엉이도 나타났습니다. 들쥐, 다람쥐, 박쥐도 자리를 같이했고, 나비, 말벌, 잠자리도 날아왔습니다. 뱀과 지렁이가 기어왔고, 딱정벌레, 파리, 모기도 그 자리에 있었습니다.

그리고 호수에서 몇 마리 물고기도 수면 위로 고개를 빼꼼히 내밀고 있었습니다. 늘 그렇듯이 이런 집회에서는 아무리 천적 관계나 원한 관계에 있는 동물들도 모든 적대감을 잠시 내려놓아야 했습니다. 이 규칙만은 늑대들마저도 꼭 지켰습니다.

올빼미 오이제비아 교수는 자기가 즐겨 앉는 나뭇가지에 앉아서 좌중이 조용해질 때까지 기다렸다가 소리쳤습니다.

"여러분, 내 말을 들어보세요! 우리가 해냈습니다! 우리가 더 나은, 더 알찬 삶을 살 수 있게 도와주러 곰 친구들이 여기까지 왔습니다. 우리는 브루노와 그의 아내 브륀힐데 그리고 그의 아들 주니어를 진심으로 환영합니다! 이렇게 와주셔서 정말 고맙습니다!"

동물들의 환호와 갈채가 곰들의 마음을 따뜻하게 해주었습니다. 브루노는 긍지를 감추지 못하고 앞발을 들고 감사의 뜻을 표했습니다. 브륀힐데는 얼굴을 붉히며 고개를 숙였습니다. 주니어는 박수 소리에 얼굴을 환하게 밝히며 웃음 지었습니다.

"뜨겁게 환영해줘서 고맙습니다." 브루노는 숲 속 동물들의 흥분을 가라앉히며 큰 소리로 말했습니다. "우리는 아직 아무것도 시작하지 않았습니다만, 여러분이 실망하지 않도록, 온 힘을 기울여 노력하겠습니다! 곰의 명예를 걸고 약속합니다! 우리는 우리 선조들, 특히 위대하신 흰곰 이글로가 주신 지혜를 여러분에게도 전해드리겠습니다. 앞으로 새겨야 할 지혜를 글로 써서 숲 속 여기저기 걸어두겠습니다. 그렇게 여러분이 언제 어디서나 이 지혜를 잊지 않도록 하겠습니다! 이 글 판에 그려진 웃고 있는 어린 불곰이 여러분에게 '규칙을 기억하라'는 메시지를 떠올리게 할 겁니다."

　잠시 후에 곰들은 숲 속 동물들을 데리고 강을 따라 남쪽으로 내려갔습니다. 강이 굽이돌아 흐르기에 숲을 가로질러 가는 길보다는 시간이 훨씬 더 오래 걸렸습니다.

　"이해할 수가 없군!" 누가 봐도 달리는 속도를 조절하지 못하는 토끼가 말했습니다. "당신들은 지혜로운 동물이라고 하는데, 왜 목적지까지 에둘러 가는 거죠? 숲을 가로지르면 훨씬 빨리 갈 텐데! 내가 증명해 볼까요?"

　"그러다가 또 진흙탕에 빠지려고?" 브루노는 놀리듯 토끼에게 말했습니다. "짧은 길이 반드시 빠른 길은 아닐세. 어떤 때는 에둘러 가는 편이 훨씬 더 빠를 수 있다네. 숲을 가로지르려면 젖어서 미끄러운 풀과 빽빽이 서 있는 나무들을 요리조리 피하면서 앞으로 나아가야 하잖나. 하지만 강변길은 그저 그대로 따라가기만 하면 되지. 길도 없는 숲을 헤치면서 나아가기보다는 이미 나 있는 길을 따라가는 편이 훨씬 더 안전하다네. 또 배가 고프면 강에서 물고기를 잡을 수도 있지."

"흠… 듣고 보니 그럴 수도 있겠군요." 토끼가 고개를 끄덕였습니다. 토끼는 마지못해 브루노의 말을 인정했지만, 늘 자기주장을 끝까지 고집하는 버릇이 있었습니다. "하지만 당신들은 내가 뛰는 걸 보지 못해서 그런 말을 하는 거예요. 일단 내가 달리기만 하면, 풀이든 나무든 번개처럼 스치고 지나갈 거예요!"

브루노가 싱긋 웃으며 대답했습니다.

"자네 혹시 '곰처럼 침착하다'는 말, 들어본 적 있나? 아마도 자네는 우리 위대한 흰곰 선조가 즐겨 쓰던 이 말을 모를 수도 있을 걸세. 침착함에는 힘이 있다네. 서두르면 멀리 갈 수 없어. 자동차를 운전하는 인간이 가속기를 계속 밟으면 어떻게 되겠나? 사고 위험이 있는 건 물론이고 언젠가는 벽에 부딪혀 큰 사고가 날 걸세. 자네 자식이 일곱이나 된다고 들었는데, 조심해야 하지 않겠나?"

토끼의 얼굴은 갑자기 고통으로 일그러졌습니다.

"내가 하루도 빠짐없이 이렇게 미친 듯 달리는 건 바로 그 애들 때문이에요! 하루도, 한순간도 쉴 수가 없어요! 어떤 때는 내 머리가 어디 달렸는지도 모르고 뛰어다닌다니까요! 첫째는 아침에 깨우려면 진을 빼놓고, 둘째는 학교에 안 가려고 온갖 핑계를 대죠. 셋째는 제 물건을 사방에 늘어놓고, 넷째는 운동하는 데 꼭 내가 데려다줘야 하고, 다섯째는 몸이 아프니 늘 약을 끓여줘야 하고, 여섯째는… 정말 너무 힘들어서 울고 싶다고요!"

"일을 잘못 처리하니 그 고생을 하는 걸세." 브루노가 지적했습니다. 잠시 생각에 잠긴 듯 말을 중단한 브루노는 이맛살을 찌푸렸습니다. "자네한테 우리 위대한 흰곰 선조가 남긴 이야기를 하나 들려주지. 이글로가 세상 이곳저곳을 돌아다니시던 중에 어느 암곰을 만나게 되었다네. 그런데 이 암곰이 똑 자네처럼 새끼 곰 여러 마리를 기르고 있었지. 암곰은 새끼들을 돌보느라 도무지 자기 시간을 낼 수 없다고 이글로한테 하소연했어.

'남편은 밖에서 사냥하는 게 전부예요, 그렇게 사냥이

라는 한 가지 일에만 전념하지만, 전 한꺼번에 여러 가지 일을 해야 해요. 요리사처럼 매일 음식을 준비하죠, 청소부처럼 온종일 빗자루와 걸레를 들고 돌아다니죠, 게다가 가족 중에서 누가 아프기라도 하면 간호사 역할도 해야 합니다. 맏이가 학원에 갈 때는 운전기사 노릇을 하는 수밖에 없어요. 그리고 남편이 사냥을 마치고 저녁에 집으로 돌아오면 접대부처럼 애교도 부려야 하죠. 이 많은 일을 어떻게 하나로 묶어서 하는 방법은 없을까요?'

암곰의 푸념이 끝나자, 우리 위대한 흰곰 선조는 마술을 부려 순식간에 모자 여러 개를 만들어내셨지. 그러고는 암곰의 머리에 그 모자를 하나씩 씌워주셨다네.

'자, 일 하나에 모자 하나를 써보도록 하지요. 첫 번째 모자는 요리사, 두 번째는 청소부, 세 번째는 간호사…'

그렇게 암곰이 열거한 직업마다 모자를 하나씩 씌워주시자, 암곰의 머리에는 여러 개의 모자가 올라가 있었지. 암곰은 머리에 여러 개 겹쳐서 쓰고 있는 모자를 떨어뜨리지 않으려고 몸도 제대로 가누지 못하고, 고개도 마음대로 돌리지 못한 채 조심하는 수밖에 없었어. 흰곰 선조는 이렇게 말했다네.

'당신이 안고 있는 문제의 해결책은 아주 간단합니다. 모자를 하나씩 벗어서, 새끼 곰들에게 하나씩 씌워주면 됩니다. 맏이는 이제 다 컸으니 혼자 학원에 가고, 둘째는 엄마가 요리할 때 돕고, 셋째는 청소할 때 돕고… 보시오, 이제 당신 머리 위엔 모자가 두세 개밖에 남지 않았잖소?'

자, 자네는 이 가르침의 의미를 알겠나?"

토끼는 잠깐 생각하더니 얼굴 가득 웃음을 띠었습니다.

"하! 난 그렇게 생각해본 적이 없었는데, 듣고 보니 당신 말이 맞아요. 내가 아이들을 너무 오냐오냐하며 버릇없이 키웠어! 아무도 나한테 그 많은 일을 혼자서 다 해내야 한다고 강요한 적이 없는데, 왜 난 그 모든 짐을 혼자 떠맡

았을까요?" 토끼는 브루노의 두꺼운 털을 장난치듯 앞발로 툭툭 치며 고마워했습니다.

"그 위대한 흰곰 선조는 대단히 현명한 분이야!"

필요 없는 역할을 맡지 마라!
자신에게 꼭 필요한 일에만 집중하라

✓ 쓸데없는 일에 소중한 시간과
에너지를 허비하지 마라.

✓ 자신이 원하지 않는 역할,
자기한테 필요 없는 역할을 맡지 마라.

✓ 자기 삶의 드라마에서 주연을
맡은 사람이 바로 스타다.

✓ 가끔 달리기를 멈추고 쉬면서
그동안 달려온 길을 돌아보라.

"당신은 무엇과도 바꿀 수 없는 자기 삶에서 한 달이라는
시간을 그까짓 하찮은 피리와 바꿔버렸어요. 당신은 그 시간을
다시는 돌이킬 수 없이 잃어버렸죠!"

05

시간 도둑
리프와 라프

아침 일찍 곰들은 숲 속 빈터에서 기다리고 있었습니다. 숲에 사는 동물들은 곰들의 이야기를 들으러 모여들었죠. 사슴 루돌프마저도 이 모임에 빠지지 않았습니다.

"시간은 우리가 가진 모든 것 중에서 가장 가치 있는 자산입니다."

드디어 브루노가 입을 열었습니다. "우리는 대부분 이런 사실을 잊고 살지요. 하지만 누구도 영원히 살지 못합니다! 그런데 우리가 세운 목표를 실현하려면 많은 시간이 필요합니다. 그러니 쓸데없는 일에 시간을 낭비할 수 없죠.

하지만 오해하지 마세요. 시간이 소중하다고 해서 가까운 사람들과 즐겁게 대화하거나 풀밭에서 한가한 시간을 보내면 안 된다는 이야기가 아닙니다. 우리가 낭비하는 시간이란 바로 '도둑맞은 시간'을 말하는 겁니다. 다시 말해 시간 도둑들을 조심하라는 겁니다!"

"시간 도둑들이라고?" 숲 속 동물들은 놀라서 입을 모아 소리쳤습니다. 그러자 올빼미가 동물들을 대표해서 나섰습니다.

"그런 말은 처음 듣습니다! 시간을 훔쳐가는 도둑이 정말 있습니까? 그 도둑들은 어떻게 생겼나요? 어떻게 해야 우리가 그들을 알아볼 수 있을까요?"

"알아보기 쉽지 않죠. 상상조차 할 수 없는 온갖 재주를 부려 자신을 위장하고, 이름도 한둘이 아니니까요. 하지만 여러분의 '동물적인' 이성을 발휘하면 금세 알아볼 수 있습니다. 오이제비아 교수님, 내가 질문을 하나 하겠습니다. 교수님이 듣고 싶어 하지 않는 말을 누구든 마지막으로 한 것이 언제였나요?" 브루노가 물었습니다.

올빼미는 곰곰이 생각을 더듬었습니다.

"생각해보니 저한테는 거의 매일 밤 일어나는 일이군요. 어떤 동물은 저를 붙들고 자기가 조금만 노력하면 스스로 해답을 얻을 수 있는 어리석은 질문도 마구 해대거든요. 내가 사는 나무를 요란하게 흔들어대더니 저더러 자기가 만든 '예술 작품'을 봐달라고 떼를 쓰던 담비가 떠오릅니다. 곰곰이 생각해보면 밤중에 내가 다른 동물들과 해야 하는 대화는 거의 불필요한 것이군요." 올빼미는 그렇게 스스로 결론을 내렸습니다.

"그리고 자네, 꿀벌 베아테!" 브루노는 꿀벌에게 물었습니다. "자네한테서도 시간을 훔치는 도둑들이 있지? 자네 벌집 앞을 쓸데없이 오가면서 자네가 하는 일에 참견하고 괜히 방해하는 자들이 있지 않았나? 아무것도 하는 일 없이 입만 살아서 떠들어대는 동물들이 있잖은가?"

"우리 벌 족속의 모든 수컷이 그렇죠." 꿀벌이 그렇게 대답하자, 올빼미는 재미있다는 듯 얼굴에 미소를 띠었습니다. "수벌들은 거추장스러운 족속이에요. 온종일 빈둥거리며 쓸데없는 말이나 하고, 어떻게 하면 배를 불릴지 그 생각만 하죠. 목표를 세워도 결과를 볼 만큼 오래 살지 못하니까요. 수명이 1년이 될까 말까 한 수벌들한테 5년이 걸리는 계획은 아무 의미 없죠. 그래서 긴 안목으로 바라봐야 하는 목표나 계획에는 전혀 관심이 없다니까요!"

"토끼 해리, 자네는 사정이 어떤가?"

"시간 도둑 말씀이죠? 우리 가족이야 모두 시간 도둑이죠! 새끼들 한 마리 한 마리가 뭐 그렇게 해달라는 게 많은지! 온종일 절 들볶고 나서 밤에 모두 침대에 들어가고 나서야 집이 좀 조용해지죠. 그러면 그때 또 누가 문을 두드립니다. 영업 사원이라며 뭘 사라고 합니다. 저는 성격상 집에 찾아온 사람을 그냥 돌려보내지 못해서…."

"그런 문제라면 저도 잘 알고 있죠." 옆에서 토끼의 이야기를 듣고 있던 여우가 한숨을 내쉬며 말했습니다. "전 동물들이 모이는 기회가 있으면 그냥 넘어가질 못합니다. 그런 모임에 자주 나가면 혹시 나중에 저한테 도움이 될 동물을 만나게 될지도 모르잖아요. 그래서 이 모임 저 모임 뛰어다니고, 수첩은 약속 날짜로 빼곡히 채워져 있어요. 이런 생활에서 도저히 빠져나올 수가 없어요."

브루노는 웃음을 참으며 사슴에게로 고개를 돌리고 말했습니다.

"자넨 아직 한 마디도 하지 않았는데…."

"저는 바로 저 자신이 시간 도둑이죠…." 사슴이 고백했습니다. 그러고는 잠시 골똘히 생각에 잠겼습니다. "물론 저한테도 분명한 계획이 있어요. 하지만 이리저리 돌아다니다 보면 하루가 금세 지나가요. 그러면 계획했던 일을 뒤로 미룰 수밖에 없죠. 그렇게 하루가 훌쩍 지나고, 또 하루가 지나고, 또 하루가 지나고, 돌아보면 결국 아무것도 해놓은 일 없이 세월만 흘려보낸 거죠."

"자기가 안고 있는 문제를 깨달은 사람은 미래에 그 문제를 피할 가능성의 길목에 서 있는 겁니다." 브루노가 힘주어 말했습니다.

"중요한 건 여러분이 이런저런 모습으로 변장한 시간 도둑을 찾아내야 한다는 겁니다! 그 도둑이 여러분한테서 훔치는 그 소중한 일 분 일 초가 여러분 삶에서 완전히 사라집니다. 누가 여러분 집의 문을 두드리거나 여러분에게 뭔가를 부탁할 때, 바로 이 점을 반드시 생각하세요."

브루노는 풀이 무성하게 자란 언덕 위에 서서 사슴 루돌프를 미심쩍은 시선으로 내려다보았습니다. 사슴은 마치 잠결에 춤이라도 추듯이 숲 속 빈터를 건들건들 돌아다니며 여기서 나뭇잎 하나, 저기서 풀잎 하나를 뜯어먹으며 무사태평해 보였습니다. 햇빛을 받은 사슴의 비단처럼 부드러운 털이 반짝이고 있었습니다.

"잘 모르겠지만…." 브루노가 아내에게 말했습니다. "사슴한테는 내 이야기가 아무 소용이 없을 것 같아! 저기, 숲 속 빈터를 어슬렁거리는 모습 좀 봐! 온종일 저렇게 빈둥대고는 불만을 털어놓지. 먹는 것 말고는 아무것도 한 일이 없다고 하잖아. 저 친구를 대체 어떻게 해야 하나?"

브륀힐데는 남편에게 뭔가를 제안하고 싶을 때면 언제나 그러듯이 고개를 갸우뚱했습니다.

"우리 주니어에게 맡길 상대로 제격인걸요? 주니어가 루돌프를 맡으면 저렇게 한가하게 풀이나 뜯으며 시간을 죽일 틈도 없을 거예요!"

"맞아! 나도 그런 생각을 했어! 그런데 우리 주니어가 사슴하고 한판 벌일 만큼 컸을까?"

"내 말을 믿어보세요, 브루노!" 브륀힐데가 말했습니다. "도전하지 않으면, 자기 안에 어떤 힘이 숨어 있는지 증명할 수 없죠. 우리 주니어가 저 한량 춤꾼 사슴을 압박하도록 해보죠! 사슴이 뭔가를 깨닫게 하는 데 성공한다면, 주니어도 그만큼 성장하게 되겠죠. 그래서 이제 의젓한 한 마리 곰으로 성장해서 우리 푸른 산으로 돌아갈 수 있을 거예요."

브루노는 사슴을 내려다보며 다시 한 번 고개를 가로저었습니다. 하지만 곧 생각을 바꾼 듯 단호하게 말했습니다.

"그래, 좋아! 한번 해보자고! 성공할 수 있을지 나도 무척 궁금하군. 자, 바로 시작합시다!"

사슴은 느긋하게 풀을 씹으며 생각에 잠겼습니다. 사실 사슴은 오래전부터 기름지고, 연하고, 맛있는 풀이 많이 자라는 새로운 구역을 찾아내고 싶었지만, 정작 그런 시도를 단 하루도 실행에 옮기지 못하고 있었습니다. 매일 저녁때가 되면, '내일은 꼭 해야지.' 하고 다짐했습니다. 그렇게 차일피일 미루면서 브루노가 들려준 이야기는 벌써 까맣게 잊어버렸습니다.

사슴은 숲 언저리를 어슬렁거리다가 글 판을 하나 발견했습니다. 그것은 브루노가 나무에 걸어둔 것이었죠. 글 판에는 눈에 띄게 선명한 빨간색으로 그려진 곰과 함께 이런 글이 적혀 있었습니다.

당신의 직업과 개인 생활에서 가장 중요한 일에 집중하시오

사슴은 코웃음 치며 큰 소리로 말했습니다. "이런 당연한 이야기를 왜 여기 써놓았지? 누가 그걸 모르나?" 사슴은 다시 어슬렁거리며 숲길을 따라갔습니다. 그런데 얼마 가지 않아서 또 다른 글 판이 눈에 띄었습니다. 사슴은 또 조롱하고 싶은 마음이 들었지만, 그래도 호기심이 생겨 글 판 가까이 다가갔습니다.

> 시간 도둑이 당신한테 무거운 짐을 지우지 못하게 하시오

사슴은 이 글이 무엇을 뜻하는지 궁금했지만, 별로 대수롭지 않게 생각하고 계속 걸어갔습니다.

몇 그루 나무를 지나 조금 더 걸어가자, 곰 주니어가 기다리고 있었습니다.

"안녕?" 주니어가 사슴에게 먼저 인사를 건넸습니다. "여기서 뭐 하세요? 이곳 풀이 맛있나요?"

사슴은 자기한테 정보를 묻는 곰 주니어의 질문에 조금 으쓱해져서 건방진 태도로 대답했습니다.

"당연하지, 내가 뜯고 있는 풀인데 맛이 없을 리가 있겠어? 내가 듣기로 곰들은 미식가에 대식가라던데 너도 한번 먹어봐!"

그러자 곰 주니어가 싱긋 웃으며 대답했습니다. "우리는 사슴과 체질도 다르고, 먹는 음식도 달라요. 우리는 털가죽 아래 지방을 저장해두기 때문에 겨울잠을 자는 동안에도 전혀 배고프지 않죠. 우리 배는 일종의 식량 창고나 마찬가지거든요! 하지만 당신 같은 다른 동물들은 겨울이 오면 지방이 다 빠져버리죠!"

"그렇게 건방지게 말하기엔 네 나이가 좀 어리지 않나?" 어린 곰의 건방진 태도에 살짝 기분이 상한 사슴이 비난하듯 물었습니다.

"난 우리 부모님과 함께 여러분을 도우러 여기 왔어요." 곰 주니어도 자기 입장을 굽히지 않았습니다. "그리고 난 우리가 모두 함께 했던 약속을 제대로 지키는지 확인하는 임무를 맡았어요. 숲 속 다른 모든 동물은 우리 아버지가 달아놓은 글 판의 내용에 주의를 기울이고 그대로 따라 하려고 애쓰는데, 당신은 마치 별것 아닌 광고판이라도 본 것처럼 무시하고 지나치잖아요."

기분이 상한 사슴은 한마디 톡 쏘아붙이려다가, 생각을 바꿨습니다. 이 잘난 체하는 똑똑이를 쫓아버리려면, 말대꾸하며 상대해주기보다는 차라리 제멋대로 떠들게 내버려두는 편이 나을 것 같다는 생각이 들었던 것이죠.

"네 마음대로 생각해. 알았어. 정 그렇다면 나도 글 판을 진지하게 들여다볼 테니까. 그러면 되겠지?"

곰 주니어는 고개를 끄덕였습니다.

"좋아요. 그럼 내가 내일 아침에 다시 와서, 당신이 글 판에 적힌 가르침을 잘 따르고 있는지 점검할 거예요. 정오까지도 이 숙제를 하지 않는다면, 다른 방도를 찾을 거예요, 알겠죠?"

잠깐이지만, 사슴은 실제로 곰 주니어가 시키는 대로 하겠다는 생각을 하고 있었습니다. 하지만 애송이 곰이 돌아가자마자 그런 생각은 순식간에 사라졌습니다. 왜냐면 어디선가 아주 아름다운 소리가 들려 거기에 정신이 팔렸기 때문이죠. 사슴이 소리 나는 곳을 향해 다가가자, 키 작은 전나무 가지에 앉아 피리를 부는 새 한 마리가 보였습니다.

"안녕, 친구!" 다가오는 사슴을 보고 새가 먼저 인사를 건넸습니다. 새의 깃털은 오색찬란하고 비단처럼 매끄러워 보였고, 그 맑은 목소리는 종달새의 노래를 떠올릴 만큼 맑고 아름다웠습니다. "옆에서 잠깐 쉬면서 내가 부는 피리 소리를 들어봐!"

원래 음악을 좋아하는 사슴은 새의 제안을 두말없이 받아들였습니다.

"아, 좋지! 작은 친구!" 사슴은 그렇게 대답하고 풀이 높이 자란 풀밭에 앉아 피리 연주에 귀를 기울였습니다.

새는 피리를 불고 또 불었고, 사슴은 눈을 감고 연주에 심취해서 나지막하게 후렴을 따라 흥얼거리기도 했습니다. 감미로운 멜로디는 곰 주니어도 그의 경고도 깨끗이 잊어버리게 했고, 사슴은 어찌나 감동했던지 풀을 뜯어 먹는 것조차 잊고 있었습니다.

연주가 끝나가면서 소리가 잦아들자, 사슴은 천천히 눈을 뜨면서 말했습니다.

"넌 정말 연주를 잘하는구나. 그런데 목소리가 아름다운 네가 왜 노래를 하지 않고 그 귀한 피리를 부는 거지?"

새는 피리를 나뭇가지 위에 올려놓고, 피리를 찬찬히 들여다보았습니다.

"왜냐면 너와 네 친구들도 이런 아름다운 천상의 소리를 내볼 수 있게 해주고 싶거든! 이 피리를 좀 봐! 이 피리만 있으면 너도 종달새나 꾀꼬리보다 더 아름다운 소리를 낼 수 있어!"

상황이 이 정도 되었으면 숲 속 다른 동물들한테는 경고등에 불이 들어왔을 겁니다. 하지만 사슴은 마술 같은 연주에 마음을 빼앗겨 그 새의 아름다운 깃털이 요망한 변장일 수 있다는 생각을 꿈에도 하지 못했습니다. 사슴은 자기가 반한 암사슴에게 피리에서 나는 아름다운 소리를 들려주면 암사슴이 얼마나 감동할지, 그래서 자기를 얼마나 좋아하게 될지 그 장면만을 상상하고 있었습니다.

"그 피리는 값이 얼마야?" 사슴이 새에게 물었습니다.

"우리, 돈 이야기는 하지 말자." 새가 말했습니다. 그리고 몸을 크게 흔들면서 화려한 깃털을 한껏 드러내 보여주었습니다. 누구라도 그 황홀한 모습에 마음을 빼앗기지 않을 수 없었죠.

"차라리 내 아름다운 연주나 한 곡 더 들어봐!"

사슴이 미처 대답하기도 전에 새는 피리를 불어 마법처럼 매혹적인 멜로디를 연주했습니다. 사슴은 갑자기 마음이 따뜻해지는 걸 느꼈습니다.

연주가 끝나자 새는 여전히 감흥에 젖어 있는 사슴에게 달콤한 목소리로 말했습니다. "내 최고의 보물인 이 피리를 네게 줄 테니, 네가 가진 시간을 아주 조금만 나한테 달라고 한다면, 내가 그리 많은 걸 요구하는 건 아니지 않아? 내 말이 맞지?"

"가만, 가만… 그게 무슨 말이지?" 사슴이 물었습니다.

"그러니까, 난 솔방울이나 산딸기 따위 먹을거리를 대가로 이 피리를 넘겨주고 싶진 않다는 거야. 나한테 필요한 건 시간이야, 알겠어? 그러니까, 네 시간 중에서 여름 한 달을 나한테 주면, 난 그 대가로 피리를 네게 주겠다는 거야. 어때? 괜찮은 거래 아닌가?"

사슴은 열심히 생각했습니다. 의식의 저 깊은 곳에서는 시간 도둑에 대한 곰들의 경고가 울리고 있었지만, 지금은 그런 소리에 귀 기울이고 싶지 않았습니다. 여름 한 달은 그리 긴 시간도 아니고, 어차피 먹는 것 말고는 특별히 하는 일도 없었으니까요.

"좋아, 괜찮은 거래군. 나한테 피리를 주고 내 여름 한 달을 가져가." 사슴이 새에게 흔쾌하게 대답했습니다.

한편, 사슴과 대화할 때 뭔가 석연치 않은 느낌을 강하게 받았던 곰 주니어는 예정과 달리 사슴의 상태를 확인하러 되돌아오고 있었습니다. 마음 한구석을 무겁게 짓누르는 어떤 의혹 같은 것을 흩어버리기 전에는 편히 잠들 수 없을 것 같아 직접 두 눈으로 사슴의 행태를 지켜보고 편한 마음으로 돌아가고 싶었던 것이죠. 곰 주니어가 언덕 꼭대기에 막 올라갔을 때 깃털이 알록달록한 새가 사슴에게 피리를 건네주는 장면이 그대로 시야에 들어왔습니다. 곰 주니어는 깜짝 놀랐습니다!

"안 돼요! 하지 마요, 루돌프! 저 녀석은 시간 도둑이라고! 당신 시간을 훔치러 온 거라고! 피리는 단 일 초의 가치도 없어요!" 곰 주니어는 있는 힘을 다해 소리쳤습니다.

하지만 이미 때는 늦었습니다. 새는 어느새 흉악하게 생긴 거인으로 변하더니 엄청나게 큰 두 손을 철썩! 마주 쳤습니다. 그러자 펑! 하는 소리와 함께 사라졌고, 하늘도 땅도, 나무도 숲도, 대기와 바람도 빠른 속도로 변했습니다. 쨍쨍 내리쬐던 햇볕은 순식간에 사라지고 늦여름 장맛비가 퍼붓기 시작했습니다. 그러나 굵은 빗방울에 흠뻑 젖었던 땅은 어느새 바싹 마르면서 흙먼지가 풀풀 날리고 있었습니다! 마치 시간을 빠른 속도로 감아버린 것처럼 한 달이 그렇게 순식간에 사라졌습니다!

언덕의 경사를 구르듯 달려 내려간 곰 주니어는 사슴 앞에 우뚝 서서 엄격하게 꾸짖었습니다. "자, 보세요, 당신이 대체 무슨 짓을 했는지!" 화가 머리끝까지 치민 곰 주니어가 말을 계속했습니다. "당신은 무엇과도 바꿀 수 없는, 자기 삶에서 한 달이라는 시간을 그까짓 하찮은 피리와 바꿔버렸어요. 당신은 그 시간을 다시는 돌이킬 수 없이 잃어버렸죠! 당신만이 아니라 우리가 모두 한 달을 잃어버린 겁니다! 이게 다 그 교활한 시간 도둑의 꾀에 넘어간 탓이라고요! 눈과 귀를 현혹하는 장사치에겐 아무것도 사서는 안 됩니다. 게다가 멋진 깃털로 치장한 사기꾼하곤 아무것도 거래해선 안 돼요! 그런 모략꾼들은 당신한테서 피 같은 시간만 훔쳐갈 뿐이에요!"

사슴은 마치 둔기로 머리를 얻어맞은 것처럼 멍하니 서서 그토록 귀하다던 피리가 진흙탕에 아무렇게나 떨어져 있는 모습을 멀거니 내려다보았습니다. 사슴은 피리를 주워 입에 대고 불어보았습니다. 아! 그런데 이게 웬일입니까? 조금 전에 들리던 그 아름다운 선율은커녕 귀를 찌르는 소음이 들릴 뿐이었습니다. 다시 몇 차례나 시도해보았지만, 결과는 마찬가지였습니다.

"그 새가 날 속였어! 나한테 사기를 친 거야!" 사슴은 흥분해서 고함을 질렀습니다.

"네, 맞아요. 어리석게도 사기꾼 새한테 당한 거죠!" 곰 주니어는 흥분해서 목소리를 높였습니다. "이제 왜 시간 도둑을 경계해야 하는지 아시겠죠? 그런 녀석들한테 한번 숙이고 들어가면, 꿈속까지 쫓아옵니다!" 곰 주니어는 아빠한테서 들었던 말을 그대로 반복했습니다.

"누구든지 네가 너의 과제에서 벗어나게 하는 짓을 허락해서는 안 된다! 너를 속이려는, 말로만 친구라고 하는 자들이 그렇게 하는 짓을 용납해서도 안 된다! 언제나 꿋꿋하게 네 길을 계속 가라!"

곰 주니어가 사슴의 얼굴을 똑바로 바라보며 서글픈 목소리로 말했습니다. "이제 우리 부모님은 당신을 맡기기엔 내가 아직 어리고 약하다고 생각하시겠죠. 결국, 난 실패하고 말았어요!”

사슴 루돌프는 자신이 너무도 큰 실수를 저질렀다는 사실을 실감하자, 부끄러워 고개를 들지 못했습니다.

“앞으로 내가 정신을 차릴게, 곰 주니어! 내일부터는 모든 게 달라질 거야. 오늘 내가 저지른 실수를 절대 잊지 않도록 내 엉덩이를 아주 세게 걷어차! 자, 어서 걷어차!”

“좋아요!” 곰 주니어가 고소하다는 듯이 회심의 미소를 지으며 짧게 말했습니다.

곰은 한쪽 다리를 뒤로 한껏 뺐다가 마치 용수철이 튀듯이 순간적으로 강하게 사슴의 궁둥이를 걷어찼습니다. 허공을 가르며 날아간 사슴은 저 멀리 숲 속 빈터에 쿵! 하고 떨어졌습니다.

마침 그때 그곳에서 풀을 뜯고 있던 암사슴 후베르타는 깜짝 놀라 하늘에서 떨어진 루돌프를 호기심 가득한 눈망울로 바라보았습니다.

시간을 잘 활용하라!

✓ 시간 도둑에게 당하지 마라.

✓ 당하고 난 다음에야
시간 도둑이었음을 깨닫는다.

✓ 자기 시간은 쓸데없이 남에게 주기에는
너무도 소중하다.

✓ 공적인 일이든 사적인 일이든
가장 중요한 일에만 집중하라.

"몇 분 동안만 계획을 세우면 그 절약한 시간을
당신이 좋아하는 일, 즐거워하는 일에 쓸 수 있어요."

06

올빼미도
자야 한다

올빼미 교수 오이제비아는 자기가 가장 좋아하는 나뭇가지에 올라앉아 익숙하지 않은 대낮의 햇빛 때문에 눈을 찌푸리고 있었습니다. 너무 피곤해서 잠깐만이라도 한숨 잘 수만 있다면 깃털이라도 모조리 뽑아주고 싶은 심정이었습니다. 올빼미 교수는 나무 기둥에 붙여놓은 글 판에 시선이 끌렸습니다.

친구와 가족에게 시간을 할애하라

빨간 곰 아이콘이 그려진 이 글 판은 물론 브루노가 달아놓은 것이었죠.

"그럼, 나한테는 누가 시간을 할애해주지?" 올빼미는 못마땅하다는 듯이 낮은 목소리로 투덜거렸습니다. "난 밤새도록, 그리고 온종일 이 숲 속 동물들을 도우러 쫓아다녔는데, 막상 내가 단지 몇 분이라도 눈을 붙이려고 하면 누군가가 불쑥 들어와 이것저것 묻곤 하지. 마치 내가 언제라도 지혜의 말을 들려주는 진짜 현자라도 되는 듯이 말이야. 다들 올빼미는 현자라고 믿고 있으니까!"

"하지만 당신은 박사님에 교수님이시잖아요!" 바닥을 기어가던 달팽이가 오이제비아에게 말했습니다. "박사님은 다른 동물들보다 현명하죠!"

"자네, 남의 일이라고 말을 너무 쉽게 하는구먼! 자넨 아침에 아무리 늦게 일어나도 아무도 뭐라고 하지 않겠지만, 나한테는 모든 동물이 밤낮으로 자리를 지키라고 하지 않나! 나한테 그런 부담을 안기는 이유가 뭔지 아나? 단지 다른 동물들보다 내 머리가 더 크고 눈이 더 크기 때문일세! 내가 비밀을 하나 알려줄까? 사실 내 머리는 매보다도 작고, 눈도 여우보다도 덜 밝다네. 음… 같은 여우라도 페르디난트는 예외지만!"

"그럼, '안 돼!'라고 말씀하시면 되잖아요! 아니면 휴가를 내시고 철새들과 함께 남쪽으로 날아가서 잘 쉬다가 오시든가! 남쪽은 따뜻하고, 쥐도 많은 곳이라고 하잖아요? 숲 속 동물들도 교수님 없이 일주일 정도는 견딜 수 있어야죠! 절 좀 본받으라고 하세요. 무슨 일을 하든, 이렇게 느릿느릿… 얼마나 느긋합니까?" 달팽이가 말했습니다.

"자넨 원래 체질이 좀 별나잖나." 올빼미가 반박했습니다. "자넨 납작하게 땅바닥에 달라붙어서, 좀처럼 움직이지 않지! 그게 자네 신체적 특징이라면, 내 특징은 눈이 큰 것인데, 그래서 잘 감기지도 않는다네! 거의 장애인 같은 상태야. 그런데도 이런 몸으로 내가 앞으로 며칠간 대체 뭘 해야 할지 한번 들어보겠나? 에… 또… 사슴 루돌프가 시간 도둑을 완전히 쫓아냈는지 확인하고, 토끼 해리한테 날아가서 곰들의 지시 사항을 잘 지키고 있는지 살펴보고, 또 꿀벌 베아테한테는 일에만 몰두하지 말라고 경고할 걸세. 하지만 이게 다가 아니야. 그 밖에도 일상적인 일들이 여전히 날 기다리고 있다네. 살기 위해선 먹어야 하니, 쥐 같은 작은 동물들을 사냥해야 하고, 또 잘 소화시켜야 하잖나. 자네도 알다시피, 내 소화기관은 작동하는 데 시간이 아주 오래 걸린다네!"

그 순간 올빼미는 갑자기 말문이 막히도록 화들짝 놀라서 그 바람에 하마터면 나뭇가지에 떨어질 뻔했습니다.

"아, 맙소사! 까먹을 뻔했네! 오늘 호숫가 전나무에서 우리 올빼미들 모임이 있는데!"

"그럼, 전 이만 가봐야겠군요! 자, 그럼 또 만나요, 교수님!" 달팽이가 꿈틀꿈틀 움직이며 말했습니다.

올빼미 오이제비아가 호숫가 전나무에 도착했을 때 사위는 칠흑처럼 어두웠습니다. 이미 오래전에 도착한 동료 올빼미들은 오이제비아가 나타나기를 초조하게 기다리고 있었죠. 오이제비아는 그들이 몹시 언짢아하고 있다는 걸 금세 눈치챌 수 있었습니다.

"난 전에 이 숲에 정신을 빼놓고 사는 여교수가 하나 있다는 말을 들었을 때 그저 지어낸 말이겠거니 했어!" 다른 숲에서 온 올빼미가 투덜거렸습니다. "오이제비아, 당신이 하는 짓은 늙은 부엉이보다 더 심해요!"

오이제비아가 초조하게 부리로 깃털을 손질하고 있을 때 다른 목소리가 들려왔습니다.

"자, 이제 시작하세요! 혹시 오늘 당신이 강연할 차례라는 것마저 까먹진 않았겠죠?" 꾸물거리는 오이제비아를 보고 화가 치민 다른 올빼미 하나가 참다못해 비아냥거렸습니다.

"아, 네… 물론 아니죠…." 오이제비아는 더듬거리며 대답했습니다.

여교수의 강연은, 누구나 알고 있듯이, 이번에도 아주 세세한 부분까지 꼼꼼히 챙겨 유익하고 의미 있는 내용을 담고 있었습니다. '아테네로 데려간 올빼미'라는 주제로 한 시간 반 동안 진행한 강연이 끝나자, 숲 속 동물들은 모두 이 주제에 대해 잘 알게 되었고, 오이제비아는 늘 그랬 듯이 이번에도 올빼미 모임의 기대를 완벽하게 채워줬다는 사실이 무척 기뻤습니다.

오이제비아는 잠시도 쉬지 않고 서둘러 그곳을 떠났습니다. 자신을 기다리는 다른 수많은 과제가 떠올랐기 때문이죠. 호숫가를 따라 분주히 날갯짓하며 날아가는 동안에도 올빼미는 속으로 중얼거렸습니다.

"여우 페르니단트가 어떻게 문제를 해결했는지 잠시 들러서 알아봐야 해. 그런 다음에 살진 쥐도 한 마리 사냥해야 하고…."

어느 과제를 먼저 할지 결정하지 못하고 왼쪽 오른쪽으로 갈팡질팡 날다 보니 갑자기 어지럼증이 생겨 올빼미는 마치 돌덩이처럼 호수로 첨벙! 떨어지고 말았습니다. 정신이 번쩍 든 올빼미는 허둥지둥 푸푸! 숨을 몰아쉬면서 물 위로 날아올라 깃털에 묻은 물을 털어냈습니다. 그러고는 다시 호숫가로 돌아가 전나무 아래서 덜덜 떨며 앉아 있었습니다.

"온종일 아무것도 먹지 못했으니, 기운이 없어서 그럴 거야!"

기력을 되찾으려고 애쓰면서 올빼미는 길게 한숨을 내쉬었습니다. 그리고 깃털에 매달린 마지막 물방울을 털어내고 나서 다시 하늘로 날아올랐습니다.

"살진 쥐 한 마리 사냥하기… 살진 쥐 사냥하기…."

올빼미는 여전히 혼란스러워하면서도 혼자 중얼거리기를 멈추지 못했습니다. 숲에서 빠져나온 올빼미는 호숫가의 평평한 땅 위를 날았습니다.

이틀 밤낮을 한숨도 못 자고 몹시 지쳐 있던 올빼미는

마침내 호숫가 평지에서 쥐 한 마리를 발견하자 굶주린 매처럼 쏜살같이 날아 내려갔지만, 사냥감에 적중하지 못하고 진흙땅에 머리부터 내리꽂고 말았습니다. 머리가 진흙땅에 꽂힌 채 잠깐 정신을 잃었던 올빼미는 머릿속이 온통 뒤죽박죽된 것처럼 혼란스러웠고, 그 순간이 마치 영원처럼 느껴졌습니다. 그때 튼실하게 생긴 곰의 앞발 하나가 나타나더니 올빼미를 반짝 들어서 진흙에서 꺼내주었습니다.

"괜찮아질 겁니다. 그나마 먹고 말하는 데 지장 없이 부리는 멀쩡하군요!" 브루노의 목소리가 들렸습니다.

"어디… 여기가 어디죠?" 아직도 제정신을 되찾지 못한 올빼미가 중얼거렸습니다.

"오이제비아, 이런 식으로 계속하다간 머지않아 정말

큰일 날 겁니다." 브루노가 무미건조하게 말했습니다. "올빼미 모임에서 했던 당신 강연이 이번에도 역시 대단했다고 들었소. 하지만 강연 준비 때문에 이틀 밤낮을 잠도 안 자고 먹지도 않아야 하겠소? 자기 시간을 잘 관리해봐요. 아무리 올빼미라도 잠은 자야 할 것 아니오? 더 중요한 건, 그다음 날을, 당신 경우에는 그다음 밤을 어떻게 보낼지 효과적으로 계획을 세우는 것이지요! 그러지 않으면 오늘 같은 대혼란이 또 일어날 겁니다. 몇 분 동안만 계획을 세우면 그 절약한 시간을 당신이 좋아하는 일, 즐거워하는 일에 쓸 수 있어요."

브루노는 말을 이었습니다. "다음 밤에 먼저 해결할 가능성이 가장 큰 일을 그 전날에 결정하세요. 가장 좋은 방법은 글로 써서 확정해두는 겁니다. 그리고 당신은 반드시 그 일정을 지켜야겠죠. 그러면 스트레스가 없어요! 언제나 생각하세요. 기껏해야 오 분을 들여 다음 날 계획을 세워두는 것만으로도 매일 한 시간을 벌 수 있다는 사실을 잊지 마세요. 그 한 시간을 당신이 정말 중요하다고 생각하는 일에 쓸 수 있죠."

브루노는 계획을 세우는 데 필요한 도움말이 적힌 글자
판을 다시 한 번 올빼미의 코앞에 바짝 디밀었습니다.

하루를 계획하라!

✓ 내일 할 일을 오늘 저녁에 계획하라,
그러면 내일을 여유롭게 보낼 수 있다.

✓ 시간을 현명하게 나누고 할애하면 가장 중요한 목표를
실현하는 데 그 시간을 활용할 수 있다.
그렇게 삶도 균형을 이룬다.

✓ 하루를 계획하는 데 5분을 쓰면 1시간을 얻는다.

✓ 막연하게 생각하지 말고
실제로 이룰 수 있는 것만을 생각하라.

"가장 중요한 것을 가장 먼저!
이렇게 간단한 비결을 그동안 난 왜 몰랐을까?"

07

여우처럼
영리하게

이른 저녁, 여우는 숲 속을 가로질러 달리고 있었습니다. 나뭇가지에 달렸던 굵은 빗방울들이 뚝뚝 떨어져 털이 축축하고 묵직해졌습니다. 여우는 갑자기 발걸음을 멈추고, 버럭 화를 내며 몸을 한번 세차게 흔들어 물기를 털어 냈습니다.

"이런 날씨엔 개도 문밖에 내보내지 않는다는데…." 여우가 신세 한탄이라도 하듯이 처량한 목소리로 중얼거렸습니다. "나처럼 불쌍한 여우나 밤새도록 숲 속을 헤매며 비를 맞지."

여우는 커다란 전나무 아래 멈춰 섰고, 빗방울 하나가 오른쪽 눈에 떨어지자, 처량한 목소리로 푸념을 늘어놓았습니다. "오늘 난 아주 많은 일을 계획했지. 그런데 무엇부터 시작해야 좋을지 모르겠어." 여우는 따뜻하고 안락한 여우 굴을 떠올리며 한숨지었습니다. "진짜 똑똑한 녀석은 밤늦게라도 일을 모두 마치고 따뜻한 여우 굴에서 마누라 옆에 누워 달콤한 잠에 빠지겠지! 다른 여우들은 나처럼 이렇게 비 맞은 생쥐 꼴로 돌아다니지 않아! 왜냐면 그 녀석들은 자기 일을 벌써 다 끝냈으니까! 나 같은 멍청이나 완벽하게 한답시고 이 일에도 매달리고 저 일에도 매달리다 보니 결국 아무것도 끝내지 못하는 거야."

　여우는 눈에 떨어진 빗물을 닦아내고는 오늘 하려고 했던 일들을 머릿속에서 정리해보려고 했습니다.

　"잠깐, 잠깐…." 그가 혼잣말로 중얼거렸습니다. "내 기억이 맞는다면, 우리 굴에 입구를 새로 하나 더 만들기로 했지. 맞아, 그랬지. 아… 그보다 먼저 내 등을 긁어야 해. 그래야 벌레들이 들러붙지 않으니까! 흠, 그리고 또 뭘 해야 하더라? 아, 그래! 돌아가는 길에 너구리들하고 놀아주기로 했지. 너구리들은 괜히 우리 여우들이 거만한 동물이라고 오해하고 있으니, 이렇게 한번 신경 써주면 틀림없이 좋아할 거야. 너구리들하고 놀아준 다음엔 몸도 깨끗이 씻어야 해. 아내가 지저분한 꼴로 집에 들어오지 말라고 경고했던 걸 잊었다간 큰일 날 테니까. 참, 저녁감으로 살진 오리를 잡아 가는 것도 잊지 말아야 해!"

여우는 마음을 정하지 못하고 몇 번이나 제자리를 뱅뱅 맴돌았습니다.

"무엇부터 시작할까? 아직 시간이 좀 있으니 오리는 집으로 돌아가는 길에 잡으면 되고, 비를 충분히 맞았으니 목욕할 필요도 없어. 너구리들도 이렇게 궂은 날씨엔 틀림없이 굴에서 나오기 싫어할 테니 함께 놀아주지 않아도 될 것 같고….'

여우는 눈을 반짝이며 생각을 계속했습니다.

"그래! 일단 내 등부터 신경 쓰자! 등이 내내 가려웠거든!" 여우는 전나무 기둥에 등을 대고 벅벅 문질렀습니다.

"아, 시원하다!" 여우는 만족스럽다는 듯이 길게 숨을 내쉬었습니다. 그리고 천천히 걸어가서 졸졸 흐르는 시내 앞에 멈춰 섰습니다.

"하마터면 까먹을 뻔했어. 우리 굴에 입구를 새로 하나 파려고 했는데… 목욕은 나중에 하고… 그런데 오리는 언제 사냥하지?" 여우는 중얼거리면서 때로 아주 엄격하게 구는 아내를 떠올렸습니다.

"주둥이라도 시냇물에 담그는 편이 낫겠어! 빗속에 이대로 서 있는 것보다야 낫지!"

여우는 한동안 마음을 결정하지 못한 채 그대로 서 있다가, 앞발을 먼저 물속에 들여놓고는 귀까지 차가운 시냇물에 푹 담갔다가 고개를 치켜들고 푸우! 푸우! 하고 소리를 질렀습니다.

"아, 물이 너무 차가워!" 여우는 끙끙거렸습니다. "이렇게 얼굴만 씻고 끝내기로 하자!"

여우는 머리를 흔들어 물을 털어내고 나서 다음에 할 일을 생각했습니다. 그때 어린 너구리 두 마리가 물가에 나타났습니다.

"어이, 여우 아저씨!" 그중 한 마리가 말했습니다.

"우리랑 놀래요?" 다른 녀석이 그렇게 말하고는 솔방울을 공중에 던져 올렸습니다. "자! 이 솔방울 잡아봐요! 한번 해봐요!"

어린 너구리들에게 도전받았다고 생각한 여우는 솔방울을 잡으러 달리기 시작했습니다. 숲 속 동물 사이에서 그 나름대로 평판을 중시하는 여우는 어린 너구리들에게 약한 모습을 보이고 싶지 않았기에 쉴 새 없이 날아오는 솔방울들을 하나도 놓치지 않으려고 필사적으로 달렸습니다. 그렇게 여우는 어느새 너구리들이 몰아가는 대로 강가에 다다랐습니다. 하지만 여우는 비가 내려 미끄러워진 진흙 강가에 어떤 위험이 도사리고 있는지 전혀 알아차리지 못했습니다.

"여우 아저씨, 벌써 지친 거예요?" 어린 너구리들이 약을 올려댔습니다. "난 여우가 아주 영리한 동물인 줄 알았는데!"

여우가 겁 없는 너구리 두 마리가 자신을 의도적으로 이 강가로 몰아왔다는 사실을 알아차렸을 때는 이미 늦었습니다. 머리 위로 날아온 솔방울을 잡으려고 몸을 돌렸을 때 그만 여우는 젖은 진흙땅에서 미끄러지면서 보기 좋게 사지를 뻗고 진흙탕에 주둥이를 처박은 채 엎어지고 말았습니다.

여우는 어린 너구리들이 깔깔대며 웃는 소리를 듣자 욕이라도 해주려고 소리를 질렀지만, 입안은 온통 진흙투성이였고, 여우가 우물쭈물하는 사이에 꼬마 악마 같은 너구리 새끼들은 숲 속으로 달아나버리고 말았습니다. 여우는 호수로 들어가 얼음처럼 차가운 호숫물로 털을 뒤덮은 진흙을 씻어냈습니다.

"이 녀석들, 잡히기만 해봐라, 혼을 내줄 테니까!" 여우는 찬물로 몇 차례 입을 헹구고 나서 너구리들이 사라진 숲을 향해 소리쳤습니다. 호숫가에서 몸을 덜덜 떨며 서 있던 여우는 추위로부터 몸을 보호할 곳을 찾아 두리번거렸습니다.

"자, 우선 몸부터 말리게나."

그 순간, 뒤에서 귀에 익은 목소리가 들렸습니다. 여우가 몸을 돌려 보니 달빛을 받아 체구가 더욱 당당해 보이는 갈색 곰 브루노가 버티고 서 있었습니다. 브루노는 여우에게 마른 풀을 한 다발 건네주며 가엾다는 듯이 씁쓸한 미소를 지었습니다.

"자네, 오늘 밤 재수가 없군그래?"

"아, 당신이군요." 여우가 곰에게서 풀을 받아 젖은 몸을 닦으면서 또 한숨을 내쉬었습니다. "난 그 못된 꼬마들이 다시 돌아왔나 했죠!"

여우는 몸을 부르르 떨어 털에 남았던 마지막 남은 물기를 털어냈습니다. 털이 마르니 찬바람도 그럭저럭 견딜 만했습니다. 여우는 뭔가 묻고 싶은 것이 있는 듯 모호한 눈빛으로 늘 당당하고 믿음직한 곰을 바라보았습니다. 여우는 잠깐 생각을 정리하는 듯하더니 드디어 입을 열었습니다.

"브루노, 당신은 날 도와줄 수 있죠? 나는 늘 여러 가지 계획을 세우는데, 돌아보면 지금까지 아무것도 이룬 게 없어요. 왜 이런 일이 자꾸 반복되는 거죠?"

"그래, 내가 자네를 도와줄 수 있네." 브루노가 온화한 표정으로 대답하고는 기진맥진한 여우를 부축해서 숲 가장자리로 데려갔습니다.

"자네가 계획한 것들을 어떻게 하면 더 잘 정리하고, 시간에 쫓기지 않게 분배해서 실현할 수 있는지도 가르쳐줄 수 있네."

달빛 아래서 곰은 걸음을 멈추고 바닥에 떨어져 있던 나뭇가지 하나를 주워들었습니다.

"브륀힐데가 오늘 저녁 자네 아내를 찾아갔다네. 둘이서 오랫동안 이런저런 이야기를 나눴다더군. 브륀힐데가 이야기해줬는데, 자네 아내는 지금 몹시 불안해한다더군! 자네가 늘 너무 많은 일을 계획해서 여기저기 에너지와 시간을 찔끔찔끔 낭비하고 있다고 걱정이 태산 같더래. 오리를 사냥해야 하는데, 다람쥐하고 체조나 하고 있고, 모처럼 쉴 시간이 생겨도 땅이나 파고 있다는 거야! 그 말을 전해 듣고 내가 마음을 굳혔지. 자네를 찾아 나서기로… 그런데 찾고 보니 역시 자네는 이런 곳에서 쓸데없는 짓을 하고 있더군!"

"바로 그게 문제라는 겁니다. 나도 내가 어떻게 해야 달라질 수 있을지 정말 모르겠어요." 여우가 하소연했습니다. "굴에 입구를 하나 내려고 했고, 오리를 사냥하려고 했죠. 그리고 또, 음… 아, 예, 너구리들하고 놀아주려고 했죠."

브루노는 이 대목에서 터져 나오는 웃음을 참을 수 없었습니다.

"순서가 중요해!" 브루노는 손에 들고 있던 나뭇가지로 비에 젖어 축축한 땅바닥에 화살표를 그려가며 이야기를 시작했습니다.

"첫째, 살진 오리를 잡아서 집으로 가져간다! 둘째, 굴에 새 입구를 만든다! 셋째, 몸을 씻는다! 넷째, 그래도 시간이 남으면 너구리들하고 놀아준다!" 브루노는 여우가해야 할 일들을 하나하나 적으면서 일의 순서를 화살표로 표시했습니다.

"나도 그렇게 했잖아요!" 여우가 볼멘소리로 대답했습니다. "너구리들하고 놀아줬고, 몸도 씻었고…."

"페르디난트! 서두르지 말고 이 화살표를 잘 보게나. 가장 중요한 것부터 시작해서 점점 덜 중요한 것으로 일의 순서를 정해야 해!" 브루노가 여우의 말을 끊으며 엄한 목소리로 말했습니다. "먼저 살진 오리를 잡아! 그건 가장으로서 가족에게 먹일 식량을 구하는, 아주 중요한 일이야! 그렇게 일단 사냥감을 구해서 자루에 넣고 난 다음에 다른 일들을 생각해! 그렇게 하지 않으면 자네는 삶에서 단단한 기반을 절대 만들 수 없어! 매일 저녁 목록을 만들어서 다음 날 해야 할 일 중에서 가장 중요한 것을 맨 위에 적어 놓게! '오리는 생존에 필요하다, 그러니 가장 중요한 일이다!' 알겠나?"

"흠… 별로 어려운 일도 아닌데, 그렇게 생각해본 적은 한 번도 없었던 것 같군요." 여우는 조금 놀란 듯했습니다.

여우가 브루노의 말대로 지금 가장 중요한 일인 사냥을 하러 갈 때 브루노도 기꺼이 함께 가주었습니다. 한동안 풀숲에 숨어 주위를 살피던 둘은 마침내 어두운 호수에 여유롭게 떠 있는 한 무리의 살진 오리를 발견했습니다. 그러자 브루노가 여우의 귀에 대고 속삭였습니다.

"이제 내가 어떻게 하면 저 오리를 쉽게 잡을 수 있는지 보여줄 테니 잘 보라고!"

여우가 뭐라고 대꾸하기도 전에 곰은 조용히 기어나가 자기한테 위험이 닥친 줄도 모르고 한가로이 물 위를 떠도는 오리 떼를 향해 살금살금 다가갔습니다. 곰은 고개를 돌려 여우를 바라보면서 마치 '잘 봐둬! 사냥은 이렇게 하는 거야!'라고 말하듯이 고개를 끄덕였습니다. 곰은 순식간에 그 무거운 몸을 날려 오리 떼를 향해 뛰어들었습니다. 하지만 마치 하마처럼 엄청난 양의 물을 튀기며 첨벙! 물속으로 뛰어드는 사이에 오리들은 날개를 퍼덕이며 날아가 버렸습니다. 곰은 끙! 하고 신음하며 물속에서 몸을 일으켰습니다.

"흠흠… 곰이라고 해서 완벽할 순 없다네. 연어를 잡을 때 이런 일은 절대 없는데…."

여우는 '으하하' 하고 웃음을 터뜨렸다가, 화가 잔뜩 난 곰의 무서운 눈초리를 보자 얼른 앞발로 주둥이를 틀어막 았습니다.

"뭐, 그렇게 나쁘진 않았어요. 하지만 이런 일은 저처럼 날렵한 여우가 더 잘할 것 같군요!"

여우와 곰은 오리들이 다시 돌아올 때까지 참을성 있게 나무 밑에 숨어서 기다렸습니다. 오리들이 하나둘 호수로 돌아오자, 이번에는 여우가 어둠 속에서 소리 없이 앞으로 기어갔습니다. 앞발을 민첩하게 움직이면서도 전혀 소리를 내지 않고 빠른 속도로 단숨에 오리들이 있는 곳까지 다가갔습니다. 여우는 그중에서 가장 토실토실하게 살진 오리를 목표로 삼고 날쌔게 달려들어 대번에 주둥이로 낚아챘습니다.

"자, 어때요?" 여우가 의기양양하게 곰을 바라보며 말 했습니다.

"아, 아주 잘했어!" 곰도 무척 기뻐했습니다.

"자, 그럼 이제 전 뭘 해야 하죠?"

"이젠 굴로 돌아가서 입구를 만들어야지. 그런 다음에 목욕하고, 시간이 나면 잠깐 너구리들하고 놀아줄 거야. 자, 이제 집으로 가자!"

여우는 깜짝 놀라서 갑자기 그 자리에 멈춰 섰습니다.

"아! 이제 알았어. 이렇게 하니까 전혀 혼란스럽지도 않고, 뒤죽박죽이라는 느낌도 들지 않아! 가장 중요한 것을 가장 먼저! 이렇게 간단한 비결을 그동안 난 왜 몰랐을까?"

"하, 역시 여우는 영리해!" 브루노가 기뻐했습니다.

가장 중요한 것부터 하라!

✔ 사냥을 잘하고 싶으면,
늘 사냥감만을 생각하라.

✔ 늘 한 가지 일에만 집중하라.

✔ 우선순위를 분명하게 정하라.
그러지 않으면 아무것도 이루지 못한다.

✔ 낮에는 중요한 일을 먼저 하고,
밤에는 당연히 누려야 할 휴식을 즐겨라.

"계획 따위는 팔자 좋은 게으름뱅이들한테나 맡겨놓고,
우리는 그저 아무 생각 말고, 하루하루 일만 열심히 하면 되는 거야!"

08

곰
시간표

꿀벌 베아테는 이번 여름에 할 일이 특별히 더 많이 생겨서, 매번 수업에 늦었습니다.

"여왕님은 제가 쉬는 걸 보면 언짢아하시죠." 꿀벌이 속사정을 털어놓았습니다. "제가 여왕님께 시간 도둑 이야기를 해드리니까, 여왕님 말씀이 '곰들이야말로 가장 큰 시간 도둑'이라고 말씀하더군요." 꿀벌은 그렇게 말하면서도 당황스러웠는지 잔기침을 하고는 바로 덧붙여 말했습니다. "이 말을 나쁘게 받아들이지는 마세요! 여왕님은 아주 영리한 데다가 무엇이든 혼자 결정하고 혼자 말하니까,

오만해질 수밖에 없죠! 하지만 속마음은 괜찮은 분이에요. 여왕님은 우리 꿀벌들한테는 시간 관리 문제도 전혀 없고, 다른 동물들보다 우리는 아주 균형 있게 산다고 믿죠.”

“그렇다면 자네들은 왜 겨우내 벌집에서 나오지도 않고, 소란하게 붕붕대면서 서로 불편하게 하는 거지?”

브루노가 물었습니다. “자네 여왕하고 진지하게 대화할 때가 된 것 같네. 한 시간 뒤에 벌집에서 만나자고 좀 전해주겠나?”

“네, 알겠습니다, 선생님!”

꿀벌은 마치 작은 병정처럼 브루노에게 경례하고는 힘차게 숲 속을 가로질러 날아갔습니다. 그러다가 하마터면 곰들이 나무에 달아놓은 새 글 판과 정면으로 충돌할 뻔했습니다. 글 판에는 역시 빨간 곰이 그려져 있고, 아래쪽에는 붉은 글씨가 쓰여 있었습니다.

당신의 하루를 전날 저녁에 계획하라

"웃기고 있네." 베아테는 글 판의 글을 보자 가소롭다는 듯이 한마디 탁 뱉었습니다. "대체 뭐 그리 대단하게 계획할 게 있다는 거야? 우리는 되도록 꿀을 많이 모으라는 여왕님의 명령을 받았으니 아침 일찍부터 저녁 늦게까지 우리의 임무를 다하려고 돌아다니는 것뿐이야. 다른 데 신경 쓸 겨를이 없어! 그리고 밤에는 피곤하고 지쳐서 잠에 곯아떨어지지. 매일 똑같은 일을 똑같이 하고 있는데, 무슨 계획이 필요하다는 거야!"

꿀벌은 서둘러 날아가다가 예쁜 꽃 한 송이를 발견하자, 거기 내려앉아서 게걸스럽게 꿀을 빨아들이고는 그 옆에 있는 다른 꽃으로 옮겨갔습니다.

"계획 따위는 팔자 좋은 게으름뱅이들한테나 맡겨놓고, 우리는 그저 아무 생각 말고, 하루하루 일만 열심히 하면 되는 거야!" 꿀벌은 우울한 얼굴로 혼잣말을 계속했습니다. "여왕님은 알을 하나 낳고, 또 하나 낳고, 또 하나 낳고… 수벌들은 빈둥거리다가 가끔 여왕님이 알을 낳을 때나 잠깐 힘을 쓰면 그걸로 끝이지만, 우리 꿀벌들은 너무 힘들게 일해서 저녁에는 날개를 펴지도 못할 정도로 고단하게 살아가지! 정말 곰들이 우리한테 지금보다 더 나은 삶을 살아가는 방법을 가르쳐줄 수 있을까? 그렇게만 해준다면 우리는 더 바랄 게 없어. 우리는 한시도 쉬지 않고 일하느라고 친구들 얼굴 한번 제대로 볼 시간도 없잖아!"

다음 꽃을 향해 날아간 꿀벌은 거기 내려앉지 않고 공중에 그대로 떠 있었습니다.

"하느님 맙소사! 하마터면 약속을 잊어버릴 뻔했네!" 꿀벌은 소스라치게 놀랐습니다. 날갯짓이 보이지 않을 정도로 빨리 날아가 벌집에 도착하고 보니 브루노가 이미 와서 기다리고 있었습니다.

"아, 미안해요. 오늘은 유난히 일이 많네요! 우리 같은 꿀벌들한테 계획을 세우고, 가장 중요한 일부터 한다는 게 무슨 소용이죠? 하는 일은 뻔하고, 또 할 일이 너무 많아요.

모든 걸 대번에 해치웠으면 정말 좋겠어요. 이런 식으로 계속하다가는 근육통, 신경통은 고사하고 심장마비에 걸려 죽겠어요." 꿀벌이 말했습니다.

브루노는 신경질을 부리는 꿀벌의 심정을 잘 이해하고 있었습니다.

"내가 여왕벌하고 진지하게 이야기를 해보지." 곰이 약속했습니다. "어쩌면 상황이 좋아질 수도 있을 거요!" 곰은 몸을 곧추세우고 여왕벌이 나오기를 기다렸습니다.

"나한테 무슨 용무요?" 한참 뒤에 나타난 여왕벌이 엄하게 말했습니다. "난 보통 짐승은 상대하지 않소. 하지만 지금 숲 속의 동물들이 어려움을 겪고 있고, 또 나는 생각이 아주 관대해서 당신 앞에 나타났다는 것만 알고 계시오!" 브루노는 자기가 지을 수 있는 가장 유혹적인 미소를 지으며 공손하기 이를 데 없는 목소리로 말했습니다.

"이렇게 여왕님과 말씀을 나누게 되다니 저로서는 더없는 영광이올시다!" 브루노는 잠깐 말을 멈췄다가 부드러운 목소리로 계속했습니다.

　"여왕님, 제가 여기 온 것은 한 가지 제안을 드릴까 해서입니다. 여왕님께 시간표 하나를 바치고 싶습니다! 곰 시간표라고 부르는 이 보물로 말할 것 같으면, 저의 할아버지의 할아버지의 할아버지의 할아버지의 할아버지, 그러니까 우리 곰들에게는 전설상의 선조로 이

글로라는 위대한 흰곰한테서 대대로 물려받은 아주 고귀한 유물입지요."

　브루노는 여왕벌에게 알록달록한 시간표를 보여주고 나서 벌집 옆에 있는 나무에 매달았습니다. 여왕벌은 은근히 기분이 좋았지만, 그 희한한 시간표를 대체 어디다 써야 할지 알 수가 없었습니다. 시간표는 하루 중 낮을 가리키고 있었고, 시간을 몇 개의 시간대로 묶어 표시하고 있었습니다. 시간대 사이에는 '가족, 친구와 함께', '긴장 풀기', '놀기' 등 쉬는 시간이 표시되어 있었습니다. 그리고 다섯 개의 하얀 빈칸에는 아침, 점심, 저녁 그리고 그사이에 간식이 두 번 표시되어 있었습니다.

　"당신이 지금 나한테 시간표를 짜주려고 하는 겁니까?" 여왕벌이 조금 노여운 목소리로 말했습니다. 여왕벌은 시간표 주위를 붕붕대며 날아다니면서 언짢다는 듯이 고개를 가로저었습니다. "우리가 이 세상에 존재하는 이유는 일하기 위해섭니다. 아시겠소? 아무튼, 우리는 그렇게 배웠고, 우리 벌들한테 여유라는 건 있을 수 없소! 우리는 음식 먹는 시간도 절약하기 위해서 일하러 날아가는 도중에 식사를 끝냅니다. 친구들과 어울려 시시덕거릴 시간 따위는 없어요!"

"우리 곰들도 평생 열심히 일하죠. 그리고 여왕님을 비난할 생각은 꿈에도 없어요. 오히려 그 반대죠! 제가 드린 곰 시간표대로만 따라 하시면 틀림없이 더 많은 꿀을 모으실 수 있을 텐데, 참 안타깝습니다!" 브루노는 잠시 말을 끊었다가 다시 계속했습니다. "제가 제안을 하나 하겠습니다, 여왕벌님! 시험 삼아 제가 드린 시간표대로 일벌들이 일하게 하시고 나서 일주일 뒤에 꿀 수확량이 과연 늘었는지 저한테 말씀해주시면 어떻겠습니까? 그러면 전 여왕벌님이 세상에서 가장 현명하고 훌륭한 분이라고 온 세상에 소문을 내겠습니다! 만약 수확량이 줄어들거나 그대로라면, 여왕벌님께서 제가 이 세상에서 가장 형편없는 허풍쟁이라고 소문을 내셔도 좋습니다!"

여왕벌은 브루노의 제안이 마음에 들었습니다.

"좋소! 한번 해봅시다." 여왕벌은 한동안 생각에 잠겼다가 드디어 결심을 굳혔습니다. "그리고 한 가지 더 있어요. 당신이 지면, 우리 일벌들이 모두 달려들어 당신의 그 뚱뚱한 궁둥이를 침으로 찌를 거요! 알겠소?"

쏜살같이 일주일이 흘렀습니다. 일벌들은 곰 시간표에 맞춰서 식사도 편한 자리에서 즐겁게 하고, 친구들과 놀기도 하고, 신선한 공기도 쐬면서 하루에 두 시간을 온전히 여유롭게 보냈습니다. 그들은 새로운 우정을 쌓고, 일에 대한 생각은 비록 잠깐이라도 머리에서 몰아냈습니다. 휴식 시간에 이곳저곳을 여유롭게 날아다니던 꿀벌 베아테는 올빼미 오이제비아와 마주쳤습니다.

"이렇게 기분 좋은 적은 없었던 것 같아요." 꿀벌이 싱글벙글 웃으며 올빼미에게 말했습니다. "일 때문이 아니라 재미로 이렇게 숲을 돌아다녀 보니 자유롭고, 기분이 상쾌하고, 에너지가 충전되는 것 같아요. 아, 정말 멋진 산책이에요!"

베아테는 새로운 꿀벌 친구들도 사귀었습니다. 브리타는 베아테보다 더 젊고, 더 과감한 꿀벌이었습니다. 그는 베아테에게 목적지까지 누가 더 빨리 날아가는지 시합하자고 도전하기도 했습니다. 물론 노련한 베아테가 늘 이겼지만, 갈수록 격차가 줄어들어서 브리타가 이길 날도 멀지 않은 것 같았습니다.

여왕벌도 이런 새로운 방식의 시간 관리가 이전보다 훨씬 더 좋아 보였습니다. 일벌들은 갈수록 더 즐겁게 일했고, 전보다 훨씬 더 많은 꿀을 모았습니다. 여왕벌의 기분이 나쁠 리 없었죠.

약속했던 기한이 되자 여왕벌은 벌집 앞에서 브루노를 기다리고 있었습니다. 확신에 찬 브루노가 숲에서 나와 여왕벌에게 공손히 인사했습니다.

"여왕 마마를 다시 뵙게 되어 기쁘군요." 그렇게 말하는 브루노의 까만 단추 같은 눈에 의기양양한 기운이 서려 있었습니다.

"오늘 마마는 이전보다 훨씬 더 아름답고 더 고상해 보이십니다!" 여왕벌은 칭찬을 들어 흐뭇한 기분을 굳이 감추지 않았습니다.

"마마, 그럼 제가 제안했던 내기의 결과를 여쭤 봐도 괜찮을까요?" 브루노가 본론으로 들어가 여왕벌에게 물었습니다.

"그대 같은 신사와 또 인사를 나누게 되어 나도 기쁘구려. 그대도 오늘은 신수가 훤해 보입니다." 여왕벌도 곰을 칭찬하면서 대화를 시작했습니다. 브루노는 여왕벌이 처음 만났을 때와는 달리 다정하게 대해주자 기분이 우쭐했습니다. "그래요, 그대가 이겼다는 기쁜 소식을 전해드리겠소! 우리 일벌들의 수확량이 실제로 20퍼센트나 늘었소! 이게 다 그대 덕이오. 자, 우리 벌들이 그대에게 맛있는 꿀이 가득 들어 있는 벌집 하나를 감사의 뜻으로 드리니 받아주시오, 브루노!"

브루노는 허리를 굽혀 여왕벌에게 절하고 물러나면서 곁에서 붕붕대고 있던 꿀벌 베아테에게 한쪽 눈을 찡긋했습니다.

때로 자신만을 위해 시간을 보내라!

✓ 곰 시간표를 따르면 규칙적인 삶을 살게 된다.

✓ 사냥을 잘하고 꿀을 많이 모으는 것도 중요하지만,
가족과 친구를 위해 시간을 내는 것도 그에
못지않게 중요하다.

✓ 오로지 일만 하다 보면
어느새 폭삭 늙어버린다.

✓ 열심히 일한 뒤에는 여유 있는 휴식이 필요하다.
심호흡하고, 충분히 쉬고, 가족 친구와 재미있게 놀아라.

"당신은 세상에서 가장 아름다운 암사슴이야!
나와 결혼해줄래?"

09
시간 도둑은
포기하지 않는다

사슴 루돌프는 기분이 날아갈 것 같았습니다. 새끼 곰한테 발길질을 당한 뒤, 정확하게 암사슴 앞에 착륙했던 그 날부터 행운이 찾아왔기 때문입니다. 암사슴 후베르타는 루돌프의 사랑을 받아들였고, 루돌프는 이제 삶을 함께할 짝을 찾은 것 같았습니다.

사슴은 숲 가장자리를 따라 천천히 걸어가면서 흡족한 미소를 지었습니다. 곰들의 충고를 받아들여서 아침에 가장 먼저 과제에 몰두하고부터는 자유시간을 전보다 훨씬 풍요롭게 누리고 있었죠. 사슴은 가만히 서서 늦여름 내리

쬐는 햇볕을 받으며 행복감에 젖어 있었습니다. 그러다가 문득 어디선가 들려오는 음악 소리에 귀를 기울였습니다. 저게 무슨 곡이더라? 아름다운 선율이 매혹하는 방향으로 고개를 돌린 사슴은 자기 눈을 의심하지 않을 수 없었습니다. 나뭇가지에 알록달록한 깃털의 새 두 마리가 앉아서 피리를 불고 있었던 겁니다!

"안녕, 루돌프!" 하고 한 마리가 조잘댔습니다. "듣자 하니, 자네는 드디어 운명적인 사랑을 만났다던데! 마법의 피리를 선물하면 어떨까?"

사슴 루돌프는 새들의 말을 끝까지 듣지 않았습니다.

"이런 뻔뻔스러운 것들! 나한테 그 못된 속임수를 두 번씩이나 써먹겠다는 거냐? 어서 썩 꺼지지 못해? 이제 시간 도둑하고는 볼 일 없어!"

"이것 봐, 우린 그저…"

"꺼져!" 사슴은 화를 내며 소리쳤습니다.

늘 온순하던 사슴이 불처럼 화를 내는 모습에 놀란 새들은 혼비백산해서 도망쳤습니다. 둘 중 한 마리가 볼멘소리로 투덜댔습니다. "사슴이 저렇게 화를 내는 모습은 처음 보는데?"

"저건 순전히 그 골치 아픈 브루노라는 곰 때문이야!" 다른 새가 한숨을 쉬며 말했습니다.

새들은 숲 속 깊은 곳으로 날아가 원래 자기 모습으로 돌아왔습니다. 그들은 바로 시간 도둑 리프와 라프였습니다.

"이제 사슴은 안 되겠어!" 리프가 투덜거렸습니다.

"맞아, 우리한테 속지 않아. 전에 빈둥거리면서 무사태평하게 백일몽이나 꾸던 사슴이 딱 우리 먹잇감이었는데! 곰이 없었다면 하루 일을 계획할 엄두조차 내지 못했을 테고, 암사슴을 만나는 일도 없었을 텐데!"

라프는 삽처럼 생긴 자기 손을 살펴보다가 리프에게 물었습니다.

"토끼는 어떻게 됐지?"

"토끼 해리? 잊어버려! 해리는 절대로 시간을 허비하지 않아!"

"그럼, 꿀벌은?"

"꿀벌 베아테? 꿀벌들이 곰 시계에서 정해준 대로 살고 부터는 그나마 남는 시간을 친구들하고 보내지. 꿀벌도 우리 먹잇감은 아니야!"

"그럼 우린 암사슴한테 수작을 걸어보는 수밖에 없겠네!"라프가 새로운 제안을 했습니다. "암사슴만 손에 넣으면 루돌프는 저절로 따라올 테니까! 고라니한테 썼던 수법으로 접근해보자…"

사슴은 가던 길을 계속 걸어가면서 흐뭇한 미소를 띠었습니다. 시간 도둑들을 금세 알아본 자신이 무척 대견스러웠기 때문이죠. 사슴은 새로 얻은 여유 시간을 의미 있는 일에 쓰기로 작정했습니다. 그래서 가장 먼저 무슨 일을 할 것인지 곰곰이 생각했죠. 예를 들어 위협적인 존재가 될 수 있는 적을 냄새로 미리 찾아내서 쫓아낼 수도 있었고, 후베르타와 물가에 갈 때 지나가는 숲 속에 더 좋은 길을 찾아낼 수도 있었습니다. 그렇게 이런저런 생각에 골똘한 사슴은 가까운 언덕 위로 올라가 근처에 늑대들이 있을 만한 곳을 살펴보았습니다. 날씨가 추워지면 늑대들은 골짜기 안으로 숨어들어와 숲 속 약한 동물들을 습격하곤 했습니다. 그러나 지금은 모든 것이 고요했고, 눈에 보이는 낯선 동물이라고는 작은 다람쥐뿐이었습니다. 사슴은 다람쥐가 도토리 하나를 땅에 묻는 모습을 빙긋 웃으며 관찰했습니다.

사슴은 마침 옆을 스치고 날아가는 매에게 "이상 무! 늑대의 공격은 없음!"이라는 신호를 보내고 매가 다른 동물들에게도 이 정보를 전해주리라 믿었습니다. 사실 별로 의미 없는 행동이었지만, 사슴은 자신이 빈둥거리기만 하는 한량이 아니라 다른 동물들의 안녕에 관심을 보이는 의식 있는 동물이라는 사실을 알리고 싶었습니다. 그러고 나니, 왠지 우쭐해지는 기분이 들었습니다. 매는 아주 믿음직한 새였습니다. 그리고 온 숲을 통틀어 시력이 가장 좋은 동물이기도 했죠.

그런데 바로 그 순간, 매는 사슴에게 "자네 연인이 위험에 빠졌다! 빨리 되돌아가라!"는 신호를 보냈습니다. 이게 웬일입니까! 사슴은 소스라치게 놀랐습니다. 마치 독거미한테 쏘이기라도 한 듯, 숲 속을 미친 듯이 달려 집 근처 빈터까지 온 사슴은 숨을 헐떡이며 가시덤불 뒤에 멈춰 섰습니다.

하지만 사슴의 눈에 들어온 장면은 그리 걱정할 상황이 아니었습니다.

숲 속 빈터에는 나이 많은 고라니 두 마리가 예의 바르게 적당히 거리를 두고 서서 암사슴에게 말을 걸고 있던 참이었습니다.

"안녕, 아름다운 부인!" 둘 중 한 고라니가 속삭이듯 말했습니다. "저희가 혹시라도 방해되는 건 아닌지요?"

그러자 암사슴은 "네?" 하고 경계심과 호기심을 동시에 드러내며 조심스러운 태도로 되물었습니다. 암사슴은 자태가 우아하고 아름다웠기에 매력에 이끌린 동물들이 말을 걸 때가 많았습니다.

암사슴이 보기에 그 늙은 고라니들은 위험할 것 같지는 않았습니다.

"우리는 쓸데없이 부인의 시간을 빼앗고 싶지 않습니다. 하지만 부인이 절대로 놓쳐서는 안 될 좋은 상품이 있어요!" 변장한 리프가 말했습니다. 라프가 바로 그 말을 이어받아 암사슴에게 말했습니다.

"맞습니다, 부인, 이건 아주 좋은 허브 향수인데, 저희 고조할머니가 고조할아버지를 유혹하실 때 몸에 뿌리셨던 바로 그 제품입니다. 부인의 그 아름다운 몸에 두 방울만 뿌리시면, 루돌프는 좋아서 안달이 날 겁니다!"

암사슴은 귀가 솔깃해졌습니다.

"내가 루돌프하고 사귄다는 걸 어떻게 아셨죠? 벌써 소문이 났나요?"

라프가 킬킬대며 대답했습니다. "아, 그거야 너무도 당연한 일 아닙니까? 연애 사건에는 다들 관심이 많죠! 제 말이 맞죠?"

"당연히 자네 말이 맞지." 리프가 맞장구쳤습니다.

그들이 수작을 부리는 사이에 점점 가까이 다가간 루돌프는 두 마리 고라니의 정체를 대번에 알아차렸습니다.

"이 괘씸한 시간 도둑들! 후베르타를 괴롭히다니, 대체 무슨 짓이야?" 루돌프는 흥분해서 고함을 질렀습니다. 그리고 변명을 기다리지도 않고 그대로 달려들어, 두 놈을 뿔로 들이받아 가시덤불 속으로 날려버렸습니다.

"이제 꺼져! 내 눈앞에 두 번 다시 나타나지 마!"

가시덤불에 거꾸로 박혔던 시간 도둑들은 허겁지겁 꽁무니를 뺐습니다. 그러나 루돌프와 후베르타에게 시간 도둑들은 이미 안중에도 없었습니다.

"당신한테 허브 향수 따위는 필요 없어." 루돌프가 후베르타에게 달콤한 목소리로 속삭였습니다. "당신은 세상에서 가장 아름다운 암사슴이야! 나와 결혼해줄래?"

새로운 일에 시간을 투자하라!

✓ 진정으로 더 나은 삶을 살게
해주는 일만을 하라.

✓ 불필요한 다른 모든 일을
삶에서 몰아내라.

✓ 진정으로 기쁨을 주는
새로운 일에 열정적으로 빠져라.

✓ 새로운 일에 투자한 시간을
달콤한 꿀처럼 즐겨라.

"내일 갑자기 죽음이 닥친다고 해도 지금처럼 다른 동물들의
그 흔한 일 때문에 자신을 희생하면서까지 쫓아다닐까요?"

10

느긋해야
행복해져요

가을이 오자 활엽수의 나뭇잎들이 알록달록 물들었습니다. 이젠 제법 추워져서 해가 좋은 날에도 차가운 바람이 호수 위로 불어와, 곧 닥쳐올 겨울을 예고했습니다. 호수와 시내는 벌써 너무 차가워 동물들이 들어가 헤엄을 칠 수도 없었습니다.

그러나 오이제비아에게 이런 기후 변화는 하던 일의 속도를 늦추어야 할 이유가 되지 못했습니다! 그동안 올빼미도 밤에 하는 일을 정확하게 계획해서 진행하긴 했지만, 그래도 여전히 시간과 일을 제대로 관리하지 못하고 있었습니다. 올빼미의 밤은 점점 더 길어졌습니다. 계획표에 나와 있는 과제들이 너무 많아서 올빼미의 밤은 오후 세 시부터 다음 날 오전 열한 시까지 연장되었죠. 건강을 해치는 것도 아랑곳하지 않고 올빼미는 숲 속의 삶이 제대로 돌아가고 있는지 살펴보느라 계속 돌아다니고 있었습니다.

추위가 닥친 첫 겨울밤에도 올빼미는 하늘을 날고 있었습니다. 달빛이 환한 밤하늘을 날개를 활짝 펴고 날아다니는 올빼미의 깃털 사이로 옅게 달빛이 스며들었습니다. 올빼미는 갑자기 자기 신세가 처량하게 느껴지면서, 따뜻한 자기 집 나무 구멍 속에 몸을 웅크린 채 가만히 앉아 쉬고 싶은 마음이 간절했습니다. 그러나 올빼미의 책임감이 그것을 허락하지 않았습니다. 아직도 처리해야 할 일이 많다는 생각에 마음이 조급해졌습니다. 곰들의 처방이 이루어낸 성공 사례들을 자기 눈으로 직접 확인하는 것이 그 유효성을 가늠하는 가장 좋은 방법이라고 생각했기 때문이죠.

올빼미는 토끼 가족의 굴을 만족스럽게 내려다보면서 흐뭇하게 미소 짓지 않을 수 없었습니다. 불안하게 이리 뛰고 저리 뛰던 토끼 해리는 조용하고 여유롭고 침착한 토끼가 되어 가족들과 일을 분담하며 잘해나가고 있었고, 그렇게 한 뒤로는 가족과 함께 더 많은 시간을 보내고 있었습니다.

벌집 위를 날고 있을 때 올빼미는 지금 앓고 있는 감기조차도 잊을 수 있었습니다. 어떤 나무에는 아직도 곰 시계가 달려 있었습니다. 그동안 숲 속 다른 동물들도 곰 시계에 맞춰 살고 있었습니다. 동물들은 하루 일정에서 오로지 자기만을 위한 시간을 반드시 남겨둬야 한다는 사실을 깨달았습니다. 소진되었던 힘을 다시 모으려면 배우자와 가족을 보살피고, 두 가지 과제 사이에 시간을 두고 긴장을 푸는 것이었죠. 올빼미는 혼자 빙그레 웃었습니다. 이런 곰 시계에 맞춰서 살지 않는 유일한 동물이 바로 자기인 듯싶었습니다. 올빼미는 그러면서 자기가 남달리 특별하게 영리한 존재라고 생각했습니다.

사슴 루돌프와 약혼자 후베르타가 새로운 삶을 꾸려가고 있는 숲 속 빈터 위를 날면서 올빼미는 사슴이 얼마나 빨리 곰들의 가르침에 따라 새롭게 태어났는지를 보고 놀랐습니다. 사슴은 전과 전혀 다른 동물이 되어 있었습니다! 이런 변화가 그저 궁둥이를 한 번 발로 세차게 차준 데서 비롯했다니!

올빼미는 천천히 아래로 내려갔습니다. 추위가 깃털 속으로 파고들어 온몸이 납처럼 무거워졌기 때문입니다. 몸 상태가 심각하다는 자각이 든 올빼미는 마땅히 내려앉을 자리를 찾으며 빙빙 돌다가 결국 기절할 지경이 되어 숲 가장자리 갈색 풀밭에 추락했습니다.

신음하며 정신을 차리고 눈을 떠보니 브륀힐데가 안타까워하는 얼굴로 내려다보고 있었습니다. 밤 산책길에서 돌아오던 브륀힐데는 바닥에 쓰러져 있는 올빼미에 발이 걸려 하마터면 이 불쌍한 새를 밟아 죽일 뻔했습니다.

"오이제비아! 대체 이게 무슨 일이에요?" 브륀힐데가 몹시 걱정스러운 표정으로 물었습니다. 그사이 둘은 이미 절친한 친구가 되어 있었습니다. "건강을 꼭 챙기라고 내가 말하지 않았어요?"

올빼미는 계면쩍게 웃으며 대답했습니다.

"나도 알아요. 당신 말을 들었어야 하는데… 내가 바보였죠." 올빼미는 고통으로 얼굴을 찡그리며 왼쪽 날개를 움직여보았습니다.

"아, 이런, 너무 아파! 단단히 병이 났군! 온몸에서 열이 나!"

"열이 심해요, 오이제비아!" 브륀힐데는 앞발을 땀범벅이 된 친구의 이마에 올려놓으며 고개를 흔들었습니다. "독감인가 봐요. 내가 바람을 피할 곳으로 데려가 편히 쉬도록 해줄게요."

브륀힐데는 전에 소풍하다가 찾아낸 속 빈 나무 둥지를 떠올리고는 덜덜 떨고 있는 올빼미를 그곳으로 데려갔습니다. 브륀힐데는 부드러운 이끼와 풀을 두툼하게 깔아 요처럼 만들고 그 위에 오이제비아를 조심스럽게 눕힌 다음, 가느다란 잔가지들을 모아 덮어줬습니다.

"자, 이제 잠시 그대로 누워 있겠다고 약속하세요, 오이제비아. 당신은 휴식이 필요해요! 한시도 쉬지 않고 일하고, 밤새도록 정신없이 날아다니다 보면 몸이 망가지지 않는 게 오히려 이상하죠! 밤에 돌아다니는 것으로도 충분한데, 왜 낮에도 그렇게 돌아다니죠? 오이제비아, 기운 차려요!"

올빼미는 힘없이 고개를 끄덕였습니다.

"브륀힐데, 당신 말이 맞아요! 난 언제나 내가 다른 동물들보다 더 잘해낼 수 있다고 믿었어요. 또 그렇게 해야 한다고 저 자신을 채찍질했죠. 하지만 그 생각이 틀렸던 것 같아요. 내 몸이 기계가 아니라는 걸 알았어야 하는데."

"오이제비아, 당신은 다시 일어날 거예요!" 브륀힐데가 용기를 북돋워 주었습니다. "하지만 당신이 완전히 건강을 회복하기 전에는 다시 날지 못하게 내가 막을 거예요! 오이제비아, 이런 말 알아요? 느긋해야 행복해진다는 말… 내일 갑자기 죽음이 닥친다고 해도 지금처럼 다른 동물들의 그 흔한 일 때문에 자신을 희생하면서까지 쫓아다닐까요? 느긋하게 자기 삶을 살아요, 오이제비아. 그래야 행복해져요."

올빼미는 묵묵히 브륀힐데의 말을 듣고 있었습니다.

"당분간 꼼짝하지 않고 쉬겠다고 나한테 약속해요! 명예를 걸고 약속할 수 있죠?" 브륀힐데가 말했습니다.

"알았어요, 올빼미의 명예를 걸고 약속하죠!" 오이제비아가 대답했습니다.

자주 쉬어라!

✓ 온종일, 밤새도록, 미친 사람처럼
일하지 마라.

✓ 쉬지 않고 일하면 반드시 탈이 난다.

✓ 자기 리듬에 맞춰
재충전하는 시간을 정하라.

✓ 곰처럼 느긋하게
자주 누워 편히 쉬어라.

"난 나 자신과 이런 약속을 했어. 매일 한 마리의 동물이라도
행복하게 해줘라. 설령 그 동물이 너 자신이라도!"

11

곰처럼 살면
삶이 즐겁다

토끼 해리는 늘 그러듯이 어둑새벽에 일어나 하품을 하며 기지개를 켰습니다. 그리고 굴에서 기어 나와 시내로 가서 찬물로 얼굴을 씻었습니다. 하지만 수풀 뒤에 숨어서 자기 행동을 훔쳐보는 암토끼가 있다는 것을 알 리가 없었습니다. 해리는 암토끼가 숨죽여 내쉬는 한숨 소리도 듣지 못했습니다. 해리는 아무것도 모르는 채 토끼 굴로 돌아갔습니다.

"첫째야, 아침은 어떻게 됐지?"

숨어 있던 암토끼는 해리의 말을 듣고 깜짝 놀랐습니다.

"대체 무슨 소릴 하는 거야?" 암토끼는 혼잣말하면서 좀 더 가까이 다가가서 토끼 굴에 뚫린 구멍으로 안을 들여다보았습니다. 그리고 안에서 벌어지는 광경에 더욱 놀랐습니다. 해리와 새끼들이 둥글게 원을 그리고 앉아 아침을 먹고 있었습니다. '내가 있을 땐 저렇게 얌전하게 아침을 먹은 적이 없는데….' 암토끼는 놀라기도 하고, 당황하기도 했습니다. 그리고 굴 안은 또 얼마나 깨끗한지! 암토끼가 가장 놀란 것은 아빠 해리의 침착한 태도였습니다. 해리는 차분하게 자리에 앉아 첫째가 차려준 아침을 맛있게 먹고 있었습니다.

"오늘 너희가 잊지 않아야 할 것은…." 토끼 해리가 셋째와 넷째에게 말했습니다. "부지런한 비버들한테 열심히 배우고 와야 한다는 거야!"

"우리도 알고 있어요." 셋째가 대답했습니다.

"수업 마치면 네 잎 클로버 따러 갈 거예요! 시냇가에 네 잎 클로버가 엄청나게 많아요!" 넷째가 말했습니다. "그리고 오늘 저녁엔 내가 특별히 맛있는 걸 만들 거예요!"

"아, 기대할 일이 또 생겼네!" 첫째가 말했습니다. 대학에 다니는 첫째는 유식하게 한마디 덧붙였습니다. "카르페 디엠(Carpe diem)! 오늘을 즐겨라!"

"그 격언은 나도 알아! 매일 그 날을 생애 마지막 날처럼 살아라!" 첫째의 말을 듣고 있던 둘째가 말했습니다. 그러자 어린 다섯째도 끼어들었습니다.

"매일 그 날이 아주 특별한 날인 것처럼 살아라!"

그러자 둘째가 기다렸다는 듯이 말을 이었습니다.

"먼저 일한 다음에 놀아라! 자, 이제 난 공부하러 가야 해!" 하고 말했습니다.

그러자 셋째와 넷째도 자리에서 일어났습니다.

"우리도 공부하러 가야 해. 점심때 네 잎 클로버도 찾고, 또 다른 놀이도 할 거야."

이 놀라운 변화에 어안이 벙벙해진 암토끼는 수풀 뒤에 숨어 어린 토끼들이 숲 속으로 사라지는 모습을 바라보았습니다. 전에 혼자서는 한 걸음도 떼어놓지 않던 새끼들이었습니다. '엄마 이거 해줘, 아빠 저거 해줘'라는 말을 입에 달고 살던 새끼들이었습니다. 그런데 해리는 대체 어떤 마술을 부렸기에 가족의 삶을 이토록 짜임새 있게 변화시킨 걸까요?

그때 해리가 굴에서 나왔습니다. 해리는 굴 앞에 앉아서 떠오르는 해를 바라보며 숲 속 빈터에 쏟아지는 햇볕을 마음껏 즐겼습니다. 해리는 느긋하고 행복해 보였습니다. 전에 늘 분주하고, 초조하고, 안절부절못하던 모습은 어디서도 찾아볼 수 없었습니다.

'해리가 저런 훈남인 줄은 정말 몰랐네…' 암토끼는 햇빛을 받아 투명하게 빛나는 해리의 수염을 보면서 중얼거렸습니다. 해리는 꿈꾸듯 두 눈을 감고 나지막이 휘파람을 불었습니다. 한동안 귀를 기울이며 휘파람 소리를 듣던 암토끼의 눈에 서서히 눈물이 고였습니다. 암토끼는 젊은 시절 해리와 연애할 때 행복했던 순간들이 머릿속에 떠올랐습니다. '저건 우리 노래야! 우리가 숲에서 처음 만났을 때 해리는 저 노래를 휘파람으로 불렀지!' 암토끼는 숨어 있던 자리에서 당장 뛰어나와 해리에게 용서를 빌고 싶었지만, 보이지 않는 어떤 힘이 암토끼를 억눌렀습니다. 암토끼는 한숨을 쉬며 해리를 바라만 보고 있었습니다.

해리는 깜빡 잠이 들었고, 꿀벌 베아테가 그 옆을 날아가다가 윙윙하는 날갯짓 소리로 깨울 때까지 코를 골고 있었습니다.

"잠을 깨워서 미안해, 하지만 오늘은 기분이 좋아서 나도 모르게 시끄럽게 굴었어." 꿀벌이 사과하고 한 바퀴 원을 그리며 날고는 토끼에게 물었습니다. "자네도 기분 좋지, 응?"

"아주 좋아." 해리가 대답했습니다. "집안일을 가족들이 모두 나눈 뒤부터 난 정말 잘 지내!"

그런데 해리의 얼굴에 쓸쓸함이 언뜻 스쳐 지나갔습니다.

"음, 하지만 모두가 좋다고 할 순 없지. 아내가 돌아와서 달라진 우리 모습을 봐줬으면 좋겠어. 아내하고 다시 시작하고 싶어!"

"모든 걸 다 가질 순 없잖아." 꿀벌은 해리를 격려하고 나서 다시 날아갔습니다. 꿀벌은 누군가가 작은 소리로 "아니야, 모든 걸 다 가질 수도 있어!"라고 말하는 소리를 듣지 못했습니다.

토끼는 굴로 돌아가면서 굴 밖으로 나오는 다섯째의 인사를 받았습니다. 다섯째는 최근에 키도 부쩍 커져서 이제는 혼자 숲 속을 달리는 것도 겁내지 않았습니다. '난 이제 겁쟁이가 아니야.'라고 의젓하게 말하곤 했습니다. 다섯째는 다른 토끼들이 자신을 더는 어린 토끼 취급하지 않는 걸 무척 자랑스러워했습니다.

다섯째가 나가고 나자, 해리는 아직 자고 있는 일곱째의 이마에 뽀뽀해주고 거실로 돌아왔습니다. 거실에서 그는 당근을 하나 집어 들고 갉아먹으면서 눈을 감고 생각에 잠겼습니다. 물론 자기를 버리고 간 암토끼를 생각하고 있었죠. 들토끼와 눈이 맞아 떠났으니 이제 자기 따위는 벌써 잊었으리라 생각하자 갑자기 서글퍼졌습니다.

그 순간, 마치 영화의 한 장면처럼 암토끼 헤르미네의 목소리가 들려왔습니다.

"안녕, 해리!"

해리가 깜짝 놀라 눈을 뜨자 실제로 눈앞에 헤르미네가 서 있었습니다! 해리는 자기 눈을 믿을 수 없었습니다. 이런 우연이 세상에 또 있을까! 헤르미네를 생각하고 있었는데 바로 그 순간에 눈앞에 나타나다니! 이건 꿈이야, 환상이야, 하고 생각했지만, 헤르미네는 분명히 해리 앞에 서 있었습니다.

"당신이 어떻게 여기 있지? 그러니까 내 말은…."

"당신이 보고 싶어서…." 암토끼가 대답했습니다. 암

토끼는 결혼할 때보다 더 아름다워 보였습니다. 밝은 갈색 눈, 비단처럼 부드러운 털, 파르르 떠는 수염… 모든 것이 옛날 그대로였지만, 해리가 기억하고 있는 것보다도 훨씬 더 아름다웠습니다.

"난 그동안 당신을 그리워했어. 당신은 너무나 달라졌어, 훨씬 여유롭고… 그거 알아? 전에 당신한테는 다른 모든 것을 위한 시간은 있었지만, 나를 위한 시간만은 없었다는 것. 그래서 난 늘 외롭고 힘겨웠어. 그때 난 우리가 우리 둘만을 위한 시간을 좀 더 많이 가지기를 바랐어. 우리 둘만 있는 시간 말이야. 난 최근 몇 주 동안 당신을 관찰했어. 당신은 완전히 다른 사람이 되었던데?"

"으음, 나는…." 해리가 뭐라고 대답해야 좋을지 몰라 망설이는 사이에 헤르미네가 말했습니다.

"쉿! 이러다가 일곱째가 잠에서 깨겠어!"

둘은 사랑을 가득 담은 눈으로 서로 마주 보다가 따뜻하게 포옹했습니다. 헤르미네가 해리에게 물었습니다.

"내가 집으로 돌아오는 걸 당신은 어떻게 생각해? 이제 당신은 집안의 가장으로 책임감 있게 잘해낼 수 있으니 우리가 다시 시작해볼 수 있지 않을까? 의식적으로 우리 둘만을 위해 시간을 내고, 그저 부모로서 서로 상관하지 않고 살아가는 게 아니라 진심으로 서로 마음을 주고받고, 상대를 배려하고 이해하려고 노력해보면 어떨까? 왜냐면 난 아직 당신을 사랑하고, 당신도 날 사랑한다고 믿거든, 해리."

"헤르미네, 물론이지. 난 한순간도 당신을 사랑하기를 멈춘 적이 없어!" 해리가 행복에 겨워 대답했습니다. "그리고 오늘 이 순간부터 당신을 절대 놓치지 않을 거야!"

해리는 아내 토끼를 품에 안고 벽에 걸려 있는 글 판을 가리켰습니다.

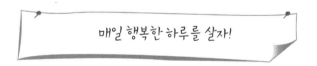

매일 행복한 하루를 살자!

둘은 침실로 사라졌고, 둘이 서로 너무도 푹 빠진 나머지 토끼 굴 밖에까지 자기들이 내는 소리가 들린다는 것조차도 눈치채지 못했습니다. 브루노는 작은 소리로 속삭였습니다.

"난 나 자신과 이런 약속을 했어. 매일 한 마리의 동물이라도 행복하게 해줘라. 설령 그 동물이 너 자신이라도!"

오늘을 보람차게 살아라!

✓ 오늘 하루를 첫날처럼 살아라.

✓ 오늘 하루를 행복하게 살아라.

✓ 매일 작은 축제를 열어라.

✓ 오늘을 특별한 날처럼 사는 사람은
   평생을 특별하게 살아간다.

"우리가 이룬 것에 만족하고 노력을 중단해서는
안 된다는 거죠."

12
세상에서 가장
소중한 선물

얼마 전 추락사고 이후 편히 쉬었던 올빼미는 건강을 되찾았습니다. 앞으로는 좀 쉽게 살고, 몸이 보내는 경고신호에도 귀를 기울이자고 단단히 마음먹었습니다. 올빼미는 두 눈을 붙이고 몇 시간에 한 번씩 짧게 자는 법도 배웠습니다.

"이렇게 더 나아졌어요."

올빼미의 상태에 매우 만족한 브륀힐데가 말했습니다. "위대한 흰곰 선조 이글로가 그 옛날 들려주신 지혜의 말씀을 늘 기억하세요."

고요함에 힘이 깃들어 있다

올빼미는 큰 원을 그리며 숲 속 빈터 위를 맴돌며 토끼를 내려다보았습니다. 토끼는 여유롭게 호숫가를 따라 깡충깡충 뛰어가면서 길에서 만난 달팽이에게 인사하는 여유도 보였습니다.

"안녕, 해리!" 올빼미가 아래를 향해 소리쳤습니다. "가족들은 어떻게 지내나?"

"아주 잘 지내고 있어요." 해리가 대답했습니다. "우리가 또 곧 태어날 새끼를 기다리고 있다는 말씀을 드렸던가요?"

"축하해! 그런데 자네들처럼 행복한 가족이 또 있다네. 소문 들었나? 수사슴 루돌프와 암사슴 후베르타가 결혼하기로 했다네! 이젠 좋은 일만 생길 것 같군!"

"그러게요. 루돌프의 삶도 아주 흥미진진해졌어요. 시간 도둑들을 어찌나 호되게 혼내줬는지, 우리한테는 얼씬도 하지 않을 거예요!" 토끼는 이렇게 말하고는 잠시 말을 멈췄다가 올빼미를 올려다보며 큰 소리로 외쳤습니다. "오이제비아 교수님, 혹시 그 소식 들었어요? 리프와 라프가 동물들한테 수작이 먹혀들지 않으니까 결국 인간들한테 갔대요! 사람들도 우리가 했던 것과 똑같은 실수를 하면서 산다네요! 사람들이 영리하다면, 곰들을 도시로 모셔가겠죠!"

토끼는 계속 달려가다가, 꿀벌 베아테와 마주쳤습니다. 베아테는 천천히 겨울 맞을 준비를 하면서 마지막 소풍 길에 나선 참이었습니다. 브리타가 베아테 곁에 바짝 붙어 붕붕대고 있었습니다.

"다 잘되고 있어? 여왕님은 잘 지내시나?" 토끼가 물었습니다.

"아주 좋아, 다 좋지." 베아테가 대답했습니다. "여왕님께서 우리를 공식적으로 칭찬하셨어. 전엔 그런 적이 한 번도 없었는데 말이야! 우리 꿀벌들이 곰 시계에 맞춰 살고부터는 모두 번창하고 있어!"

"나처럼 말이지?" 숲 가장자리에서 여우 페르디난트의 목소리가 들렸습니다. 여우는 보란 듯이 자랑스러운 표정을 지었습니다. "내가 소식 하나 알려줄까? 이 몸이 가장 훌륭한 사냥꾼에게 주는 폭스-어워드 상을 받았다고! 그런 상을 받을 줄은 꿈에도 몰랐지!"

"정말 축하해!" 토끼와 꿀벌이 합창하듯 한목소리로 말했습니다.

올해도 어김없이 겨울이 찾아왔고, 큰 호숫가 연례 모임 날짜도 점점 다가왔습니다. 동물들은 모두 그 모임을 기쁜 마음으로 기다렸는데, 그도 그럴 것이 이번 모임에서는 모두가 마냥 좋은 일들만 이야기할 참이었으니까요. 크리스마스에 브루노와 그의 가족은 올빼미 오이제비아, 토끼 해리, 여우 페르디난트, 꿀벌 베아테, 사슴 루돌프와 함께 모였습니다. 모임 자리에서 브루노가 이야기를 시작했습니다.

"전 여러분의 기쁜 마음을 충분히 이해합니다. 하지만 새해 종을 울리기 전에, 북쪽 나라에서 온 위대한 흰곰 이글로 선조가 그의 후손들에게 들려주셨던 이야기를 하나 전해드리겠습니다."

동물들은 브루노가 이야기를 시작하자 마법에 홀린 듯 저절로 빨려 들어가 열심히 귀를 기울였습니다.

"옛날 옛적, 이 지역의 산은 불과 연기를 뿜고, 호수는 지면 아래 깊숙이 숨은 시절이 있었습니다. 그때는 기이한 동물들이 살고 있었는데, 이 어마어마한 동물은 세상에 무서울 것이 없을 만큼 덩치가 컸습니다. 이 동물들은 다른 모든 동물을 지배했고, 먹을 것도 많아서 아주 만족하고 여유롭게 살아가고 있었죠. 그래서 이들 지배자 동물 중 일부는 사는 게 따분하고 지루할 정도였습니다. 그들에게는 아무런 목표도 없었던 거죠! 모든 것이 완벽한데 어떤 목표를 왜 세워야 하겠습니까? 그들을 자극해서 더 나은 동물이 되려고 노력하게 하는 도전의 동기가 없으니 그저 자신이 누리는 것들에 만족했던 것입니다." 브루노는 청중에게 잠깐 생각할 시간을 준 뒤 이야기를 계속했습니다. "그러나 그들은 결국 이 만족 상태를 견디지 못했습니다. 그들 중에 일부는 경솔해져서 커다란 늪 속으로 뛰어들었고, 그렇게 해서 산 채로 늪 속으로 빨려 들어가 버리기도 했습니다. 또 어떤 동물은 불을 뿜고 있는 산꼭대기로 올라가 활활 타오르는 불 속으로 떨어지기도 했죠. 결국, 그렇게 그 동물들은 이 땅에서 멸종되었고, 종을 이어갈 후손도 남기지 못했습니다. 자, 이것이 위대한 흰곰, 북에서 온 이글로가 들려주신 이야기입니다. 여러분, 이글로가 우리에게 전하고 싶었던 메시지가 무엇인지 아시겠지요?"

"우리가 이룬 것에 만족하고 노력을 중단해서는 안 된다는 거죠." 어느새 영리하고 꾀 많은 여우로 변신한 페르디난트가 대답했습니다. "마누라는 늘 나한테 배부르면 굼뜨고 게을러진다고 말하거든요. 새로운 목표를 설정하고, 스스로 새로운 과제를 부과하면 사는 게 따분해서 매일 낮잠이나 자는 일은 없겠죠. 내 말이 맞죠?"

　"아주 잘 말해줬어요."

　브루노가 여우를 칭찬해줬습니다.

　그해 마지막 날, 무지개가 큰 호수 위에 떠 있었고, 한 해의 마지막 날이면 늘 그렇듯이 서늘한 빗방울이 쏟아졌습니다. 올빼미 교수 오이제비아는 오랜 전통이 된 호숫가 신년 모임을 숲 속 모든 동물에게 통보했습니다. 이번에는 동물이 빠짐없이 참석했습니다. 성공적이었던 한 해를 축하하고, 지혜로운 곰들과 작별 인사를 나누는 자리에 모두 함께하고 싶었던 것이죠. 예년에 토끼 해리와 여우 페르디난트는 늘 마지막에 나타났지만, 이번에는 누구보다도 일찍 도착해 있었습니다.

"여우와 토끼가 잘 자라고 서로 밤 인사를 나누는 황당한 일이 일어나는 이곳에 곰이 납신다네!"

숲 속 빈터에는 동물들이 빈틈없이 들어찼지만, 올빼미 오이제비아 교수는 자기가 가장 좋아하는 나뭇가지에 날아가 앉을 수 있었습니다. 올빼미는 참을성 있게 기다리고 있었습니다. 마침내 브루노와 브륀힐데 그리고 꼬마 곰이 나타나 명예의 손님을 위해 마련한 자리를 향해 걸어가자, 동물들이 모두 뒤로 물러서 길을 넓게 터줬습니다. 토끼 해리가 감격해서 "곰 만세!"라고 소리치자 다른 동물들도 모두 따라서 "곰 만세!"를 박자에 맞춰 세 차례 외쳐댔습니다.

흥분이 서서히 가라앉고 주위가 조용해지자 올빼미 오이제비아의 연설이 시작되었습니다.

"존경하는 곰 친구들, 사랑하는 숲 속 동물 여러분, 우리는 또다시 지난해를 돌아보고, 다음 해를 맞이하기 위해 이 자리에 모였습니다…."

그렇게 연설을 시작한 오이제비아는 미리 준비해 두었던 원고를 읽지 않고, 즉흥적으로 이야기를 이어나갔습니다. "이것 참, 내가 준비했던 원고대로 말씀드린다면 더 간단하긴 하겠지만, 그렇게 형식적인 언어로 딱딱한 연설을 할 필요가 없을 것 같아 그냥 이렇게 대화하듯 이야기하겠습니다.

내가 사랑하는 곰 친구들! 여러분은 우리한테 이루 말할 수 없는 도움을 주셨습니다. 그 도움은 그야말로 열과 성을 다한 '우직한 곰의 봉사'였습니다! 여러분은 우리 각자가 한정된 시간을 어떻게 나눠 쓰면 얼마나 더 나은 삶을 살아갈 수 있는지를 똑똑히 보여주었습니다. 어떤 동물도 영원히 살 수 없고, 시간은 한번 지나가면 다시는 돌아올 수 없기에, 여러분이 우리한테 전해준 지혜는 세상에서 가장 소중한 선물입니다. 여러분은 우리를 행복하고 '느긋한' 동물들로 다시 태어나게 해주셨습니다." 오이제비아는 이 대목에서 그 커다란 눈으로 윙크를 보냈습니다. "물론 우리는 이 행복이 위협받지 않도록 매년 새롭게, 이루고 싶은 목표를 스스로 세우게 될 겁니다." 오이제비아는 엄숙하게 말했습니다. "사랑하는 곰 친구들! 여러분의 수고에 감사하는 뜻으로 이제부터 우리는 큰 호수를 '위대한 곰의 호수'라고 부를 것을 공표하고, 여러분에게 숲 속 동물 최고 훈장을 수여합니다!"

오이제비아는 앉아 있던 나뭇가지에서 날아와 브루노아 브륀힐데, 그리고 주니어의 목에 도토리 목걸이를 걸어주었습니다.

"자, 여기 모인 숲 속 동물 여러분! 우리 곰 친구들을 위해 만세 삼창을 합시다!"

올빼미의 제안에 따라 그 자리에 있던 모든 동물이 "만세! 만세! 만세!" 하고 입을 모아 외쳤습니다.

　이어서 모든 동물이 지켜보는 가운데 답사를 시작한 브루노는 두 눈에 눈물을 글썽이며 사뭇 감동한 듯 목소리를 떨었습니다.

　"우리 곰들이 절대 잊지 말아야 할 것은 우리가 여러분에게 전해드린 지혜를 우리 자신도 배웠다는 사실입니다. 북쪽 나라에서 오신 위대한 흰곰 이글로 선조가 안 계셨더라면, 우리도 이미 오래전에 이 땅에서 사라졌을 겁니다. 위대한 흰곰을 위하여 만세 삼창!"

　"만세! 만세! 만세!" 동물들이 한목소리로 외쳤습니다.

　그때 큰 호수 건너편 숲가에서 이쪽을 바라보고 서 있다가 몸을 돌려 나무 사이로 자취를 감추는 커다란 흰곰의 뒷모습을 목격한 동물은 없었습니다. 눈이 매섭기로 유명한 독수리조차도 그 모습을 보지 못했죠.

"그래 친구들, 모두 잘됐어!" 흰곰이 나지막하게 혼잣말로 속삭였습니다. "나의 노력이 허사로 끝나지 않았군!"

꿈을 실현하라!

✓ 삶을 꿈꾸고, 꿈꾼 삶을 실현하라.

✓ 이루지 못했다고 울지 말고,
이루었다고 오만해지지 마라.

✓ 목표가 분명한 사람은 일희일비하지 않고
긴 안목으로 삶을 바라본다.

✓ 삶의 목표를 시야에서 놓치지 마라.

진짜 삶이 그렇듯이

이 이야기에 등장하는 숲 속 동물들은 우리를 똑 닮았습니다. 동물들의 특징도 우리가 주변에서 흔히 볼 수 있는 사람들의 특징을 닮았습니다. 물론 이런 특징을 동물학책에서 찾아볼 순 없겠죠.

올빼미 오이제비아는 자기 행복보다 남의 행복을 더 중요시하고, 자기 건강도 돌보지 않고 남을 위해 희생합니다. 오이제비아를 보면 주변에서 늘 일정을 너무 빡빡하게 짜는 사람이 생각납니다. 일상 업무는 물론이고, 자원봉사, 단체활동, 문화행사 등 끝없이 이어지는 일들에 자신도 놀라는, 그런 사람이 떠오릅니다.

꿀벌 베아테는 일밖에 몰라서 과로에 시달리며 고생하지만, 정작 가족이나 친구들은 아예 잊고 사는 사람을 떠올리게 합니다. 이 부지런하고 열성적인 현대인은 정당한 보상도 없는 일에 모든 걸 희생하면서, 마치 쳇바퀴를 돌리는 다람쥐처럼 늘 똑같은 일에 온 힘을 쏟아붓습니다. 이런 꿀벌들에게 해당하는 말이 하나 있죠, "일은 삶의 절반일 뿐이다!"

여우 페르디난트는 명예심이 강하고 기대치가 높아서 자기가 세운 기준에 스스로 맞출 수 없다는 문제와 싸우고 있습니다. 언제나 최고가 되고 싶지만, 뜻대로 되지 않아 불만을 품습니다. 뭔가를 이루고 싶다면, 타고난 개성과 재능을 믿기만 해도 충분히 가능한데, 그걸 모르거나 알아도 인정하지 않죠.

토끼 해리는 모든 걸 한꺼번에 처리하고 싶어 하지만 결국 하나도 제대로 해내지 못하는, 정신없이 바쁜 사람 같습니다. 회사에서 유능한 인재로 인정받거나 자영업자로서 자수성가한 입지전적 인물, 가족의 일상적인 과제도 모두 자기가 해결해주려고 하는 슈퍼맨 가장이라고 할 수 있죠. 부부 생활, 가정 생활, 직업 생활을 모두 조화롭게 이끌어가고, 심지어 사회적·정치적 문제에도 적극적으로 참여하고 싶어 하는 유형입니다. 하지만 남들에게 책임을 나눠주지 못하고, 또 그러기를 원하지도 않는, 매우 바쁜 지도자를 떠올리게 합니다. 이런 사람한테 내가 들려주고 싶은 충고는 이겁니다. "적을수록 많은 것이다!"

　마지막으로 사슴 루돌프는 모든 걸 나중으로 미루는 나

뻔 버릇이 있는 사람과 비슷하죠. 오늘 할 수 있는 일을 내일로 미루고, 미룬 일 때문에 늘 마음이 무겁고, 그 무거운 마음의 짐을 덜어보려고 이런저런 사소한 일을 또 시작합니다. 그렇게 '뭐, 어떻게 되겠지.' 하는 안일한 마음으로 하루하루를 살다 보면, 결국 자기 삶에 대한 주도권을 잃습니다. 이런 유형은 지금 자기가 가진 것과 자신의 상태에 만족하고, 습관의 지배를 받는 사람이 많죠.

곰은 어떤가요? 곰은 오직 이 책 속에서만 존재합니다. 하지만 곰은 여러분이 사회에서 균형 잡힌 삶을 살아가고, 가정에서 가족과 함께 더 행복해지고, 가까운 사람들과 좋은 관계를 유지하는 데 이 책이 도움이 되기를 간절히 바란답니다.

곰이 들려주는 열 가지 지혜

1. 자기가 꿈꾸는 삶의 목표를 글로 쓰라.

2. 필요 없는 역할을 맡지 마라.

3. 시간을 잘 활용하라.

4. 하루를 계획하라.

5. 가장 중요한 것부터 하라.

6. 때로 자신만을 위해 시간을 보내라.

7. 새로운 일에 시간을 투자하라.

8. 자주 쉬어라.

9. 오늘을 보람차게 살아라.

10. 꿈을 실현하라.

:
:
:
:
:
:

나는 어떤 타입일까?

지금 자신이 하고 있는 사회생활과 일상생활을 생각해 보고 그 상태에 따라 아래 항목을 체크하세요. 자기가 그렇게 되었으면 좋겠다는 희망이 아니라 지금 있는 그대로 자기 상태를 정직하게 인정해야 합니다. 상태가 달라진다면 언제든지 이 테스트를 다시 할 수 있습니다.

각 항목에 다섯 개의 문항이 있는데, 그중에서 자기 상태와 가장 가까운 문항에 5점을 주고, 점점 멀어질수록 4점, 3점, 2점, 1점을 줍니다. 다섯 개 문항에 점수는 중복되지 않게 한 번만 줄 수 있습니다.

1

● 나는 모든 일을 내가 책임져야 한다고 생각한다. ……… ☐

■ 나는 나 자신에게 큰 기대를 걸고 있다. ……………… ☐

★ 나는 나에 대한 남들의 평가가 중요하다고 생각한다. …… ☐

▲ 나는 내게 주어진 임무를 반드시 완수한다. …………… ☐

◆ 나는 오늘 끝내지 못한 일은 내일 하면 된다고 생각한다. … ☐

2

◆ 나는 계획을 세우는 데 시간이 많이 걸린다.
그래서 정작 맡은 일을 마치려면 늘 시간이 모자란다. …… ☐

★ 나는 동료가 부탁한 일을 먼저 해주고 나서 내 일을 한다. … ☐

▲ 나는 일을 맡으면 곧바로 처리한다. ……………… ☐

● 나는 늘 여러 가지 일을 동시에 하느라고 힘이 부친다. …… ☐

■ 나는 여러 가지 일을 처리할 때 중요도와 상관없이
시작한 순서대로 한다. 그래서 정작 중요한 일을
시작할 때까지 시간이 많이 걸린다. ……………… ☐

3

◆ 나는 일을 다 끝내야만 안심한다. .... ☐

★ 나는 내가 하는 일에 온 힘을 기울인다. .... ☐

▲ 나는 일이 아무리 많아도 끝낼 때까지 쉬지 않는다. .... ☐

■ 나는 즉흥적이고 충동적으로 일한다. .... ☐

● 나는 내가 맡은 일을 해낼 수 있을지 의심하곤 한다. .... ☐

4

● 나는 도중에 늘어난 일도 기꺼이 맡아서 한다. .... ☐

★ 나는 여럿이 대화할 때 대부분 중립을 지키고
조정하는 역할을 한다. .... ☐

◆ 나는 쉬지 않고 묵묵히 일만 한다. .... ☐

■ 나는 하기 싫은 일은 뒤로 미룬다. .... ☐

▲ 나는 이것저것에 흥미를 느껴 정작 중요한 일을
소홀히 할 때도 있다. .... ☐

5

● 나는 일 때문에 부담을 느끼고, 자주 스트레스를 받는다. ·····

★ 나는 여럿이 함께 팀으로 일하기를 좋아한다. ············

▲ 나는 일을 마치거나 일할 시간을 정한 다음에야 휴식할
시간도 정한다. ·······························

■ 나는 도전을 좋아하고, 내 능력을 남들에게 보여주고
인정받고 싶다. ······························

◆ 나는 해결하기 어려운 일은 일단 제쳐놓고 다른
일부터 한다. ·······························

6

▲ 나는 규칙적으로 식사한다. ·····················

■ 나는 언제나 최고가 되고 싶다. ·················

★ 나는 목표를 이루는 데 얼마든지 시간을 투자할 준비가
되어 있다. ·······························

◆ 나는 새로운 일에 시간을 투자할 준비가 되어 있다. ·········

● 나는 시간에 쫓기지 않고 일한다. ···············

7

◆ 나는 늘 늦잠 자고 싶고, 아무것도 하지 않고 빈둥거리며
하루를 보내고 싶다. ·································· ☐

★ 나는 다른 일을 하던 중에 새로운 일을 맡게 되면 차례대로
하지 않고 둘 다 한꺼번에 처리한다. ··············· ☐

■ 나는 일을 체계적으로 하려고 노력한다. ··············· ☐

● 나는 맡은 일을 모두 처리하려면 더 빨리 일해야 한다는
압박을 자주 받는다. ······························· ☐

▲ 나는 일할 때 완전히 몰입해서 다른 것은 모두 잊는다. ····· ☐

8

■ 나는 제대로 먹지 않을 바에야 아예 먹지 않는다. ········· ☐

★ 나는 일을 마저 끝내려고 점심을 거르기도 한다. ········· ☐

◆ 나는 느긋하고 편한 분위기에서 식사하는 것이
중요하다고 생각한다. ····························· ☐

▲ 나는 시간을 아끼려고 일하면서 끼니를 대충 때운다. ······ ☐

● 나는 규칙적으로 식사한 적이 없다. ················· ☐

9

▲ 나는 일에서 벗어나 친구들과 재미있게 놀고 싶다. ……… ☐

★ 나는 푹 자거나 긴 휴가를 보내고 싶다. ………… ☐

● 나는 여가 시간에 일 생각은 하고 싶지 않다. ………… ☐

■ 나는 단 하루라도 아무 생각 없이 지내고 싶다. ………… ☐

◆ 나는 뭔가 새로운 것을 체험해보고 싶다. …………… ☐

10

▲ 나는 가끔 삶의 의미를 생각해보지만, 곧 바쁜 일상으로
돌아온다. ………………………………………… ☐

◆ 나는 시간이 있다면 더 많은 일을 할 것이다. ………… ☐

■ 나는 남들의 행복을 중요하게 여긴다. ………………… ☐

★ 나는 불만이 삶의 한 부분이고, 발전을 위한
원동력이라고 생각한다. ………………………………… ☐

● 나는 예술이나 문화, 삶의 아름다운 것들을 누릴
시간이 없다. ………………………………………………… ☐

　　10개의 문제를 다 풀었으면, 각각의 아이콘에 해당하는 점수들을 합산합니다. 가장 높은 점수를 준 아이콘이 바로 당신의 유형입니다. 물론 결과가 모호할 수도 있어요. 왜냐하면 누구나 하나의 정해진 유형에만 속하는 경우는 드물기 때문입니다. 게다가 공적인 상황과 사적인 상황에서 상반된 태도를 보일 수도 있기 때문이죠. 하지만 대체로 한두 가지 유형에서 자기 모습을 발견할 수 있습니다.

★ 올빼미 ＿＿＿＿＿ 점

▲ 꿀　벌 ＿＿＿＿＿ 점

■ 여　우 ＿＿＿＿＿ 점

● 토　끼 ＿＿＿＿＿ 점

◆ 사　슴 ＿＿＿＿＿ 점

너무 책임감이 강한
올빼미

자신에게 부과된 임무를 진지하게 받아들이며, 그 임무를 완수할 때까지 포기하지 않는다. 자신이 감당할 수 있는 한계를 넘어서면서까지 다른 사람들의 요구를 자신의 요구보다도 우선시한다. 이처럼 책임의식이 너무 강해서 자신을 혹사하고, 때로 몸이 보내는 경고신호를 놓치기도 한다.

곰이 올빼미에게 주는 일곱 가지 충고

1. 자신이 감당할 수 있는 한계를 인식하라.
2. 좀 더 자주 '안 돼요.'라고 말하라.
3. 일의 우선순위나 처리 방법을 스스로 정하라.
4. 긴장을 풀고 쉬는 시간을 충분히 할애하라.
5. 남의 목표가 아니라 자신의 목표를 늘 생각하라.
6. 모든 일에 까다롭게 굴지 말고 편하게 생각하라.
7. 모든 일이 다 잘되리라는 낙천적인 마음을 가져라.

 너무 분주한
꿀벌

일에 몰입해서 다른 것은 모두 잊고 산다. 무엇이든 그대로 내버려둔 채 지내는 걸 참지 못하므로 그때그때 곧바로 처리해야 직성이 풀린다. 그러다 보니 여러 가지 일을 한꺼번에 하게 되고, 무엇이 급한 일이고, 무엇이 중요한 일인지 분명히 구분하지 못한다. 자기 삶에는 오로지 일밖에 없다고 투덜대지만, 정작 일을 손에서 놓으면 허전해서 견디지 못한다.

곰이 꿀벌에게 주는 일곱 가지 충고

1. 일이 삶의 전부가 아니라는 사실을 명심하라.
2. 그날그날 분명한 목표를 정하라.
3. 급하지만 중요하지 않은 일에 쫓기지 마라.
4. 가족, 친구와 함께 보내는 시간을 할애하라.
5. 지금 하고 있는 일에 대해 생각해보는 시간을 가져라.
6. 때로 덜 하는 것이 더 하는 것이다. 무조건 달려들지 마라.
7. 휴식하고, 긴장을 풀고, 명상하는 시간을 할애하라.

너무 기대가 큰
여우

언제나 최고가 되고 싶다. 욕심이 커서 자신에 대한 기대도 크고 남들의 기대에도 부합하고 싶어 한다. 그러다 보니 너무 많은 목표를 세우게 되고 정말로 중요한 것을 놓친다. 그렇게 힘을 찔끔찔끔 분산하고, 정작 결정적인 일에는 모든 것을 쏟아붓지 못한다.

곰이 여우에게 주는 일곱 가지 충고

1. 하루 계획을 자세하고 분명하게 세워라.
2. 우선순위에 따라 일을 명확하게 분류하라.
3. 하루의 최우선 과제를 정해서 그 일에 몰입하라.
4. 지금 하고 있는 일에 온전히 집중하라.
5. 분석에 너무 많은 시간을 허비하지 마라.
6. 정확하고 빠르게 결정하는 훈련을 하라.
7. 실제로 실현할 수 있는 목표를 세워라.

너무 성급한
토끼

늘 바쁘고, 정신이 없다. 스스로 나서서 모든 일을 혼자 떠 맡고, 그 많은 일을 처리하느라 동분서주한다. 그렇게 많은 일을 한꺼번에 하다 보면, 어느 것 하나 제대로 해내지 못한 다. 모든 일을 마지막 순간에야 겨우 끝내게 되니 늘 허겁지 겁 시간에 쫓기며 살아간다.

곰이 토끼에게 주는 일곱 가지 충고

1. 중요하다고 믿는 일이 실제로 중요한지 정확하게 판단하라.
2. 자신에게 도움이 되지 않는 일을 단호하게 버려라.
3. 아무 일이나 하지 말고, 아무 역할이나 맡지 마라.
4. 할 일의 목록을 만들고, 중요도에 따라 순서대로 처리하라.
5. 아무것도 하지 않고 쉬기만 하는 시간을 일정에 포함하라.
6. 되도록 많은 일을 남들에게 나누고 맡겨라.
7. 일정을 느슨하게 짜고, 자주 쉬면서 즐겁게 시간을 보내라.

너무 게으른
사슴

계획 없이 순간순간을 즐기며 살고, 이것 찔끔, 저것 찔끔 일한다. 언제든 놀 수 있고, 잡담하기도 좋아하고, 공상하기도 좋아한다. 하기 싫은 일은 저 멀리 치워두고, 새로운 도전은 되도록 하지 않는다. 하루하루가 탈 없이 흘러가지만, 길게 보면 삶이 몹시 단조롭다.

곰이 사슴에게 주는 일곱 가지 충고

1. 매일 아침 하루 계획을 세워라.
2. 하기 싫어도 해야 할 일은 당장 시작하고, 질질 끌지 마라.
3. 하루 계획을 글로 쓰고, 일을 끝내는 시점을 분명히 정하라.
4. 늘 목적과 결과를 생각하면서 일하라.
5. 기분에 따라 제멋대로 일을 중단하지 마라.
6. 적극적으로 일하고, 새로운 도전을 찾아라.
7. 열정을 느끼게 하는 새로운 일에 시간을 할애하라.

나는 곰처럼 살기로 했다

1판 1쇄 발행일 2016년 2월 29일
지은이 | 로타르 J. 자이베르트
옮긴이 | 배정희
펴낸이 | 임왕준
편집인 | 김문영
디자인 | 박혜림
교   정 | 양지연
펴낸곳 | 이숲
등록 | 2008년 3월 28일 제301-2008-086호
주소 | 서울시 중구 장충단로8가길 2-1(장충동 1가 38-70)
전화 | 2235-5580
팩스 | 6442-5581
홈페이지 | http://www.esoope.com
페이스북 | http://www.facebook.com/EsoopPublishing
Email | esoopepub@daum.net
ISBN | 979-11-86921-07-4 03320
ⓒ 이숲, 2016, printed in Korea.